"十三五"职业教育规划教材

职业教育汽车类专业互联网+多媒体融合创新示范教材

汽车维护与保养

QICHE WEIHU YU BAOYANG

楚宜民　陈小虎　主　编
郜振海　陶金忠　副主编

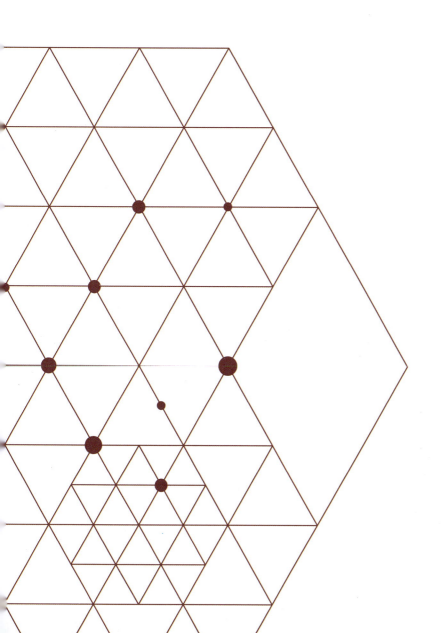

·北京·

内容简介

《汽车维护与保养》以专业教学标准为依据,讲解了汽车维护与保养基础、汽车电气设备与附件维护、汽车空调系统维护、汽车发动机维护、汽车底盘维护。书中内容与汽车应用紧密结合,全彩色印刷,实物图片清晰美观。

本书配套了丰富的课程资源。运用"互联网+"形式,通过二维码嵌入动画、高清微视频、微课;配套多媒体PPT,与纸质教材无缝对接。

本书可作为职业院校汽车类专业的教材,也可作为汽车维修技术人员培训用书,并可供相关技术人员参考使用。

图书在版编目(CIP)数据

汽车维护与保养/楚宜民,陈小虎主编. — 北京:化学工业出版社,2020.12

"十三五"职业教育规划教材 职业教育汽车类专业互联网+多媒体融合创新示范教材

ISBN 978-7-122-38182-8

Ⅰ.①汽… Ⅱ.①楚… ②陈… Ⅲ.①汽车-车辆修理-高等职业教育-教材 ②汽车-车辆保养-高等职业教育-教材 Ⅳ.①U472

中国版本图书馆CIP数据核字(2020)第243966号

责任编辑:韩庆利　　　　　　　　　　装帧设计:刘丽华
责任校对:宋　夏

出版发行:化学工业出版社(北京市东城区青年湖南街13号　邮政编码100011)
印　　装:北京瑞禾彩色印刷有限公司
889mm×1194mm　1/16　印张13¼　字数400千字　2021年2月北京第1版第1次印刷

购书咨询:010-64518888　　　　　　　　售后服务:010-64518899
网　　址:http://www.cip.com.cn

凡购买本书,如有缺损质量问题,本社销售中心负责调换。

定　价:55.00元　　　　　　　　　　　　　　　　　版权所有　违者必究

前 言

为了适应我国高等职业教育教材建设和信息化教学改革的需要,在深入分析汽车维修行业实际需求的基础上,根据高等职业教育培养高技能型、应用型人才的要求和最新的高等职业学校专业教学标准,缩写了"职业教育汽车类专业互联网+多媒体融合创新示范教材"。

教材在编写过程中,紧紧围绕课程标准,书中内容以完成工作任务为目标,注重理实一体教学;通过理论知识的介绍和相关视频、动画,了解汽车相关知识和操作技能;通过现场实操,熟悉并掌握汽车必备技能的使用。本系列教材具有以下特点:

1. 编写理念先进。以就业为导向,以学生为主体,注重职业核心能力的培养,注重做中学、做中教,教学做合一,理实一体。

2. 教学内容科学。按照岗位需求、课程目标选择教学内容,体现"四新"、必须和够用。将国内外新知识、新技术引入教材,以体现内容上的先进性和前瞻性。

3. 教材结构合理。按照职业领域工作过程的逻辑确定教学单元;以项目、主题、任务、活动、案例等为载体组织教学单元,体现模块化、系列化。

4. 编写队伍强大。编写人员构成合理,行业企业深度参与;编写团队汇聚职教汽车专业名校名师、全国大赛金牌教练、行业知名职教专家。

5. 课程资源丰富。以课程开发为理念,运用互联网+形式,通过二维码嵌入高清微视频、微课;开发多媒体PPT、电子教案,与纸质教材无缝对接。

《汽车维护与保养》共分5个单元,包括汽车维护与保养基础、汽车电气设备与附件维护、汽车空调系统维护、汽车发动机维护、汽车底盘维护。可作为职业院校汽车类专业的教材,也可作为汽车维修技术人员培训用书,并可供相关技术人员参考使用。

《汽车维护与保养》由许昌职业技术学院楚宜民和昆山登云科技职业学院陈小虎主编，副主编为新乡职业技术学院郜振海、江苏航运职业技术学院陶金忠老师，参编为云南国防工业职业技术学院陈梅艳、云南交通运输职业学院高庆华。本书在编写过程中，参考和借鉴了大量的相关资料和书籍，并得到许多汽车企业的帮助，在此一并向有关作者和工程技术人员致以诚挚的谢意！

由于编者水平有限，书中不妥之处，敬请广大读者批评指正。

编 者

目录

单元一　汽车维护与保养基础

项目一　安全防护 ……………………… 001
项目二　工具使用 ……………………… 008
项目三　基础流程认知 ………………… 019

单元二　汽车电气设备与附件维护

项目一　车身检查
任务一　车身外观漆面检查……………………………021
任务二　汽车玻璃检查与维护…………………………025
任务三　车身附件检查与维护…………………………028
任务四　排气管和消声器检查与维护…………………032

项目二　车身系统
任务一　座椅及后视镜检查与维护……………………036
任务二　洗涤系统检查与维护…………………………040
任务三　喇叭、音响系统检查与维护…………………044

项目三　电池检测与维护
任务一　免维护蓄电池检查……………………………048
任务二　可维护蓄电池检查……………………………051

项目四　照明系统检查与维护
任务一　仪表灯检查与维护……………………………059
任务二　照明灯检查与维护……………………………070
任务三　信号灯检查与维护……………………………077

项目五　汽车安全系统检查
任务　　安全气囊检查与维护…………………………082

单元三　汽车空调系统维护

项目一　空调系统维护
任务一　空调系统的认知………………………………085
任务二　空调压缩机检查与维护………………………088

| 任务三 | 空调冷凝器检查与维护 | 092 |
| 任务四 | 空调蒸发器检查与维护 | 095 |

项目二 过滤系统检查与维护

| 任务一 | 空调滤清器检查与维护 | 100 |
| 任务二 | 空调管路检查与维护 | 106 |

单元四 汽车发动机维护

项目一 基本检查与维护

任务一	空气滤清器检查与维护	109
任务二	机油及机油滤清器检查与更换	112
任务三	油底壳检查与维护	118
任务四	冷却液及其管路检查与维护	122
任务五	散热器盖检查与维护	126

项目二 动力系统检查与维护

任务一	燃油滤清器更换	130
任务二	燃油管路检查	134
任务三	碳罐检查与维护	138
任务四	传动皮带检查	141
任务五	火花塞检查与维护	145
任务六	发动机机械部件检修	149
任务七	机油滤清器拆装	153
任务八	进气系统部件检修	158

单元五 汽车底盘维护

项目一 制动系统检查与维护

任务一	行车制动操纵机构检查与维护	163
任务二	驻车制动操纵机构检查与维护	167
任务三	制动管路检查与维护	170
任务四	盘式制动器检查与维护	174
任务五	鼓式制动器检查与维护	179

项目二 悬架系统检查与维护

任务一	悬架检查与维护	184
任务二	车轮、轮胎检查与维护	189
任务三	四轮定位综合检测维修	193

项目三 转向系统检查与维护

| 任务 | 动力转向系统部件检修 | 199 |

参考文献 205

单元一　汽车维护与保养基础

项目一　安全防护

学习目标

1. 能进行安全防护。
2. 能认真执行工作场地的各项要求。
3. 了解工作中的各项安全标识的含义。

核心概念

整理（SEIRI）：区分必需品和非必需品，现场不放置非必需品。
整顿（SEITON）：合理布局，将寻找时间减小为零。
清扫（SEISO）：将岗位保持无垃圾，无灰尘，干净整洁状态。
清洁（SEIKETSU）：将整理、整顿、清扫进行到底，并且制度化。
修养（SHITSUKE）：对于已规定的事，大家都要遵守执行。

基本知识

许多工伤事故都是由杂乱无章引起的。在凌乱的工作场所，常常会发生因绊倒、跌倒或滑倒而导致受伤的事故。妥善保管所有设备、部件和汽车，以保护人员和设备不受伤害。

一、防护

1. 个人防护

穿戴整洁的工作服和工作鞋，是职业化形象的具体体现，也是安全生产的具体要求，如图1-1-1所示。

① 头部防护。在举升起来的车辆下工作时应对头部进行保护。出于安全考虑最好将长发用发网盘起。

② 工作服。根据工作类型配备相应的工作服。为了安全和方便工作，工作服必须结实合身；为防止车内外被划伤，不要将皮带、纽扣、手表等坚硬物体暴露在外，同时应保持工作服的整洁；为了防止受伤或烫伤，请规范穿着工作服，尽量不要裸露自己的皮肤。

③ 脚部保护。在维修车间范围内工作的每位员工都应穿上防护鞋。这些防护鞋配有脚趾保护罩。有些工作鞋还带有防汽油和机油的鞋底。这种鞋底可以降低滑倒的危险。鞋底中部快要磨破时应更换工作鞋，即使鞋底边缘仍完好无损。

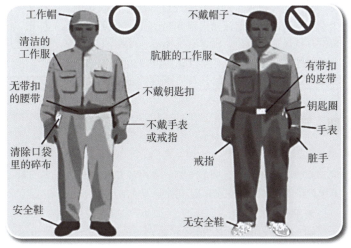

图 1-1-1　人员防护

工鞋、手套穿着，车外、内三件套铺设

2. 车辆防护

车辆防护的目的是防止客户车内进入灰尘或沾染脏污，防止划伤或腐蚀车身涂层，防止车辆移动，便于检查维护。主要包括三件套的安装（含座椅套、地板垫、转向盘套），发动机舱的翼子板布、前格栅布的安装，车轮挡块的安装，如图1-1-2所示。

二、5S 管理

1. 整理（SEIRI）

将必需品的数量降到最低程度，将马上要用的、暂时不用的、长期不用的区分对待，使现场无杂物，行道通畅，增大作业空间，提高工作效率。

2. 整顿（SEITON）

将产品按机能或种类分区放置，摆放方法各样（如架式、箱内、悬吊式等），充分利用空间，便于拿取和先进先出，平行、直角在规定区域放置，堆放高度应有限制，一般不超过1.2m，容易损坏的物品要分隔或加防护垫保管，防止碰撞，做好防潮、防尘、防锈措施。

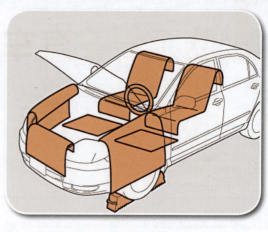

图 1-1-2　车辆基本防护

3. 清扫（SEISO）

经过整理、整顿，必需物品处于立即能取出状态，但取出物品还必须完好可用，这是清扫的最大作用。清扫不仅是打扫卫生，还要对生产设备仪器进行点检、保养和维护工作，以利于保持设备良好的状态，及时发现故障隐患。

4. 清洁（SEIKETSU）

清洁是一个努力保持整理、整顿和清扫状态的过程，也是一个通过对各种物品进行分类，清除不必要的物品使工作场所保持干净的过程。清洁可以防止任何可能问题的发生，成为惯例和制度，是标准化的基础，企业文化开始形成。

5. 修养（SHITSUKE）

修养是通过4S（整理、整顿、清扫、清洁）的手段，使人们达到工作的最基本要求，也可理解为通过推动都能做到的4S而达到最终精神上的"清洁"。通过遵守规章制度，培养良好素质习惯的人才，铸造团队精神。

三、车辆安全检查

车辆安全检查是在定期检查过程中确定是否存有启动发动机、自动变速器挂挡或开动刮水器所需的最低机油和油液量，保证启动的最低蓄电池电压。

安全检查内容有：①确认散热器储液罐内有冷却液；②用油尺检查发动机机油油位，确认正常油位；③检查制动总泵的储液箱内确有制动液；④用液位尺来检查洗涤液的液位，确保有洗涤液；⑤用油尺来检查自动变速器油液液位，确保正常液位；⑥用万用表来检查蓄电池，电压不低于12V,确保能正常启动发动机。如图1-1-3所示。

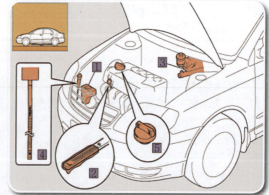

图 1-1-3　车辆安全检查
1-散热器储液罐；2-机油油尺；3-制动总泵储液罐；
4-洗涤器液位尺；5-机油加注口盖

四、安全标识

1. 指令标志

指令标志为蓝白色圆形标志，表示注意作为行为规定的指令性保护措施，必须在标注区域内采取相应保护措施。常见的指令标志如图1-1-4所示。

2. 警告标志

警告标志是黑色标志、黑色边框和黄底的三角形标牌，提醒一些潜在危险。常见的警告标志如图1-1-5所示。

图 1-1-4　常见指令标志

图 1-1-5　常见警告标志

3. 禁止标志

禁止标志采用圆形白底标牌，以黑色标志表示禁止内容，带有一个红色斜杠和红色圆形边缘，表示一些特殊的行为不被允许。常见的禁止标志如图 1-1-6 所示。

4. 防火标志

防火标志是带有白色标志的红色矩形标牌，箭头表示防火设备或设施所在位置，这些箭头只允许与另一个防火标志一起使用。常见的防火标志如图 1-1-7 所示。

禁止戴手套　　禁止吸烟

禁止饮用　　禁止堆放

关闭手机　　禁止未授权通行

禁止饮食　　禁止运输

集合点　　消防梯

火警警报器　　灭火毯

紧急通道　　消防水管

消防电话　　灭火器

图 1-1-6　常见禁止标志　　图 1-1-7　常见防火标志

笔记

5. 救援标志

救援标志是带有白色标志的绿底矩形标牌，箭头表示救援设备或设施所在位置，逃生路线和逃生方向通过这些标志标记出来，以便在危险情况下迅速安全地离开危险区域。常见的救援标志如图 1-1-8 所示。

五、工作安全须知

1. 防火知识

在汽车维修工作中要做好防火预防工作。如发生火灾，首先拨打火警电话 119，在消防员没有到达现场前，所有人员应配合扑灭火焰。

① 不得在工作场所吸烟，如在吸烟区吸烟后，应确认烟头熄灭在烟灰缸里。

② 不要在充电的蓄电池旁使用明火或产生火花的设备，因为在充电时蓄电池产生可燃性气体——氢气。

③ 在机油存储地或可燃性的零件清洗剂附近，不要使用明火。

④ 仅在必要时才将燃油或清洗剂带到车间，携带时还应使用密封的容器。

⑤ 吸满机油和汽油的碎布在特定条件下，可能发生自燃，所以应将其放入带盖的金属容器内。

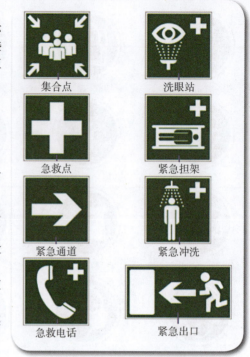

图 1-1-8 常见救援标志

⑥ 不要将可燃性废机油或燃油倒入污水管道，这不仅造成环境污染，还可能造成污水管道发生火灾，应将这些废油倒入指定的回收容器内。

⑦ 在维修车辆燃油系统前，应断开蓄电池的负极，在没有修好前，可以防止误启动。

⑧ 知道灭火器、灭火沙、消防栓放在何处，如何使用。

2. 防电知识

在汽车维修工作中还需做好防触电措施。如果因电路或电气设备引起的火灾或人身伤害，应先断开电源开关，再进行施救。

① 拔电缆插头时，不要拉电线，而应拉插头本身。

② 对于标有故障的电气开关，千万不要触碰。

③ 不要靠近断裂或摇晃的电线。

④ 不要用湿手接触电气设备。

⑤ 不要让电线通过尖角、潮湿、有油污或高温的地方。

⑥ 不要在电气设备附近使用易燃物。

⑦ 如发现电气设备不正常，应立即关闭电源开关，并加以警示和上报。

能力训练

一、操作条件

① 设备：整车、工作台、废气抽排装置。

② 工具：地板垫、座椅套、转向盘套、翼子板布、前格栅布、车轮挡块、抹布。

二、安全及注意事项

① 在观察车辆底盘时，需按规范操作举升机，并做必要的安全防护，不能盲目举车或进入车底。

② 当打开车辆前舱盖或进入车辆底部时，不要盲目碰触举升锁止设备，避免危险。

③ 对所使用的纸质维修手册、电脑、车辆或举升机要及时规整复位，并对场地进行 5S 工作。

三、操作过程

序号	操作步骤	图解	操作方法及操作标准
1	工具准备		【操作标准】 工具要齐全，摆放要整齐
2	车辆安全防护		【操作方法】 （1）安装车轮挡块； （2）安装排气烟道 【操作标准】 车轮挡块安装必须到位
3	安装车内防护		【操作方法】 （1）安装座椅套； （2）安装转向盘套； （3）铺地板垫 【操作标准】 地板垫铺设按脚印图片方向铺放
4	安装车外防护		【操作方法】 （1）降下驾驶员侧车窗玻璃； （2）拉发动机舱盖释放杆，打开发动机舱盖； （3）安装翼子板布； （4）安装前格栅布 【操作标准】 翼子板布、前格栅布安装牢固，防止掉落
5	车辆复位		【操作方法】 （1）取下车内、外防护用品； （2）取下排气烟道、车轮挡块； （3）清洁车身

续表

序号	操作步骤	图解	操作方法及操作标准
6	工具复位		【操作标准】 清洁并整理工具。 在操作过程中要体现"5S"

【问题情境】当实训室发生紧急情况时，该如何逃生？

解决途径：参照图1-1-9，研究并熟悉紧急情况逃生路线，具体的情况具体对待。

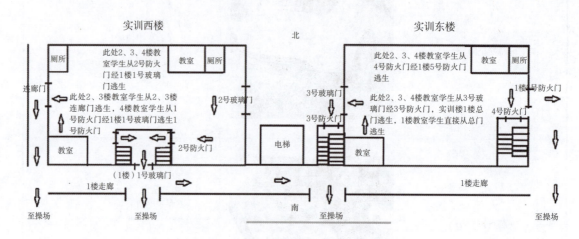

图1-1-9　某校实训楼紧急情况逃生路线

四、学习结果评价

请根据表1-1-1，完成学习结果的自我评价。

表1-1-1　自我评价表

序号	评价内容	评价标准	评价结果（是/否）
1	知识与技能	能识别安全标志的含义	□是　□否
		能说出5S的内容	□是　□否
		能做好个人防护	□是　□否
		能做好车辆防护	□是　□否
		能知道汽车维修工作中的安全注意事项	□是　□否
2	安全与5S	能对场地进行安全检查	□是　□否
		能安全操作举升机	□是　□否
		能做好安全防护	□是　□否
		能遵守场地日常安全条例	□是　□否
		能使用工具、工位进行整理、复位、清扫	□是　□否
3	总评	能够满足下一步内容学习	□是　□否

 课后作业

1. 请结合作业1图叙述各防护装置的适用场合。
2. 请看作业2图，说出图中各安全标志的类型和含义。

作业1图

作业2图

项目二 工具使用

1. 能正确使用常用工量具和设备。
2. 掌握工量具和设备的使用注意事项。

一、常用工具

1. 扳手

扳手的作用是拧紧或松开螺栓或螺母。常用的普通扳手有单头、双头和等双头扳手,如图1-2-1所示。

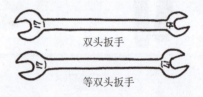

图1-2-1 常用扳手

使用时的重要提示:
① 使用与螺栓或螺母相配的扳手,并且能够正确结合,如图1-2-2所示。

图1-2-2 扳手的选择

② 使用扳手时应拉动扳手,这样更安全,如图1-2-3所示。如果推动扳手,可能向前移动不顺,手也可能碰到其他零件,扳手从螺栓或螺母中滑落时手可能会受伤。如果用另一只手握住把手和螺栓或螺母结合处,则更安全可靠。如果由于一定原因必须向前推扳手,把手张开推。这样即使工具滑落,也不会造成太大伤害(这一警告同样适用于类似工具或套筒扳手)。

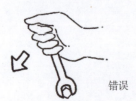

图1-2-3 推扳手与拉扳手

③ 即使扳手同螺母或螺栓可靠结合，如果突然用很大的力气拧紧/松开螺母或螺栓，应注意扳手的开口有可能松开。

④ 扳手手柄的长度取决于扳手开口的尺寸，这样才能用适于螺栓或螺母尺寸的扭矩进行拧紧。所以，不要把两把扳手接合使用，不要在扳手手柄上加套管来加长手柄，也不要用锤敲扳手来代替用手推扳手，如图 1-2-4 所示。如果这样使用扳手，扭矩会变大，将可能导致损坏螺栓和扳手，甚至导致严重事故。所以，绝对不要这样使用扳手。

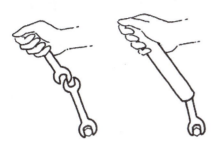

图 1-2-4　扳手的错误使用

2. 梅花扳手

梅花扳手比普通的扳手易于使用，因为它完全包住了螺栓或螺母的顶端部。同时，由于它的手柄比普通的扳手长，可以获得更大的扭矩。常见的梅花扳手如图 1-2-5 所示。

　　弯颈扳手　　　　　　油管螺母扳手　　　　　梅花-开口组合扳手

图 1-2-5　常见的梅花扳手

使用时的重要提示：

① 在开始松开或结束拧紧螺栓或螺母时，它更方便。

② 使用适用于螺栓或螺母尺寸的梅花扳手，使梅花端部与螺栓或螺母的头部平行，并拉动扳手，如图 1-2-6 所示。

③ 不要使用锤或类似物敲击扳手手柄，或在螺栓还没有松开时就连接金属管。这些动作可能会导致损坏螺栓或工具。如果用锤轻轻敲击螺栓或螺母，将有助于松开螺栓或螺母。

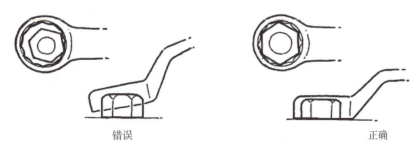

图 1-2-6　梅花扳手的使用

3. 旋具

旋具俗称改锥，用来拧紧或松开螺钉。有各种形状的改锥头，如图 1-2-7 所示。改锥也有各种型号和规格，如图 1-2-8 所示。

图 1-2-7 改锥头类型

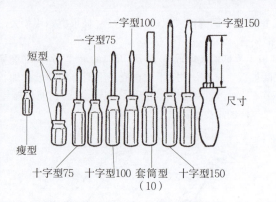

图 1-2-8 各种改锥

使用时的重要提示：
① 改锥的改锥头和螺钉槽必须匹配。
② 改锥头必须可靠地同螺钉槽接合，如图 1-2-9 所示。
③ 不要使用小号改锥去松大号螺钉。使用尺寸不合适的改锥将有可能损坏螺钉槽或改锥头。

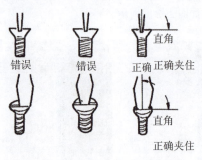

图 1-2-9 改锥头与螺钉槽的结合

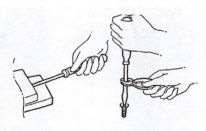

图 1-2-10 改锥的错误使用

④ 如图 1-2-10 所示。即使螺钉很紧不能松开，也不要击打改锥。使用带六角接头的改锥并用扳手旋转它，或使用专门设计的击打改锥，能够更容易地松开螺钉。

4. 可调扳手

可调扳手又称活动扳手，根据螺栓或螺母的尺寸，通过转动调整螺钉来移动可调爪，可调扳手的开口宽度可变宽或变窄，如图 1-2-11 所示。

可调扳手可用于非标准尺寸的螺栓或螺母，如空调金属管的连接处等。

使用时的重要提示：
① 使用可调扳手前，先调整好适于螺栓或螺母的开口宽度，如图 1-2-12 所示。如果可调扳手的夹持太松，螺栓或螺母的边可能会被咬掉。

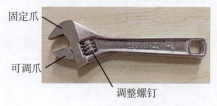

图 1-2-11 可调扳手

图 1-2-12 调整可调扳手的开口宽度

② 可调扳手的结构决定了固定爪比可调爪能够承受更大的力，夹持物体更可靠，所以应把可调扳手的固定爪放在上侧，如图 1-2-13 所示。如果把可调扳手的可调爪放在上侧使用，螺栓或螺母有可能从可调扳手中滑出，并且螺栓或螺母的边可能会被咬掉。

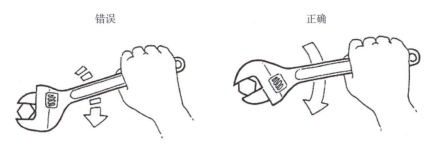

图 1-2-13　固定爪应在上侧

5. 套筒扳手组合工具

通过组合使用扳手和各种手柄或延长杆等，如图 1-2-14 所示，套筒扳手可适用于各种尺寸的螺母，并能够安全迅速地处理难于接近的螺母。

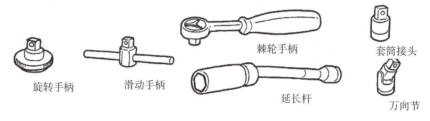

图 1-2-14　手柄、延长杆、套筒接头和万向节

常用套筒接口宽度（对边）为 9.5mm（3/8 英寸）或 12.7mm（1/2 英寸）。梅花端有两种类型：六角的和十二角的，十二角的更常用，如图 1-2-15 所示。

图 1-2-15　套筒扳手端部

使用时的重要提示：

（1）套筒

① 使用能可靠套住螺栓和螺母的尺寸的套筒扳手（图 1-2-16），这样才能够安全工作，螺栓或螺母端部的边角不会被咬掉，套筒也不会变形。

② 把接头、万向节、延长杆、手柄等连接到套筒时（图 1-2-17），确保各个连接都是可靠的。不可靠的连接将导致操作时脱离和意外伤害。

③ 如果把一通用套筒与一受冲击作用的扳手相连接使用，冲击很容易损坏套筒孔的顶部。在这种情况下，要使用专门设计的套筒。

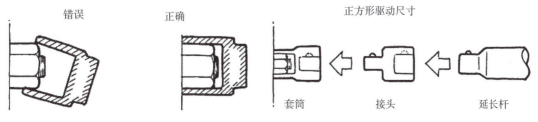

图 1-2-16　选用正确尺寸的套筒扳手　　　　图 1-2-17　接头、延长杆与套筒的连接

（2）延长杆和万向节

① 当螺母在很深的凹进处，套筒不能套到螺母上时，使用合适长度的延长杆使操作变得可行。延长杆有各种长度的，应该选择便于工作的延长杆。

② 在延长杆不能直立插入的地方，使用万向节能使操作变得可行，如图1-2-18所示。

③ 工作中结合使用延长杆和万向节应小心，因为套筒容易从螺母脱离。此外，当延长杆倾斜时，需注意套筒此时无法提供准确的扭矩。

图1-2-18 延长杆和万向节的配合使用

（3）T形滑动手柄 是套筒和十字杆的组合，通过改变两者的相对位置，可以用多种扭矩进行紧固，如图1-2-19所示。

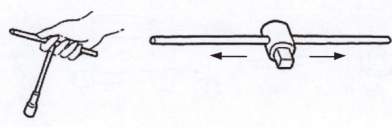

图1-2-19 T形滑动手柄

（4）棘轮手柄（图1-2-20） 能够使套筒保持在螺栓或螺母上，只在一个方向上快速转动螺栓或螺母。拨动棘轮锁杆就能使转动方向相反。不要在手柄上使用过大的作用力，否则会损坏棘轮。需要大的作用力时使用旋转手柄。

图1-2-20 棘轮手柄

（5）旋转手柄 套筒和旋转手柄间使用万向节。杆弯成直角时能提供很大的作用力来松开紧固的螺栓或螺母；螺栓或螺母松动后，拉直手柄或倾斜至合适的角度能够快速转动螺栓或螺母，如图1-2-21所示。

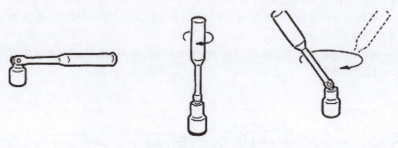

图1-2-21 旋转手柄的使用

（6）火花塞套筒

① 火花塞套筒专为安装和拆卸火花塞而设计。内部磁铁能够牢固吸引住火花塞，从而使工作更轻松，如图1-2-22所示。

② 火花塞套筒加上长度合适的延长杆和棘轮手柄，能够轻松地安装或拆卸难于触及的火花塞。
③ 在火花塞上要直立使用火花塞套筒，倾斜使用将损坏火花塞绝缘体，如图 1-2-23 所示。

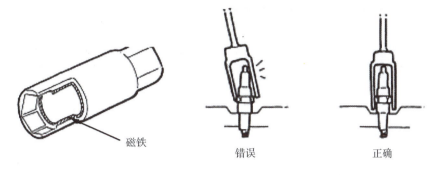

图 1-2-22　火花塞套筒　　　　　图 1-2-23　火花塞套筒的使用

6. 钳子

（1）尖嘴钳　用于在密封的空间里操作或夹紧小零件。在钳子的颈部还有一组刀口，用于切割细导线或剥掉电线外面的绝缘层。不可在钳子头部施加大的力，会导致钳口变形，如图 1-2-24 所示。

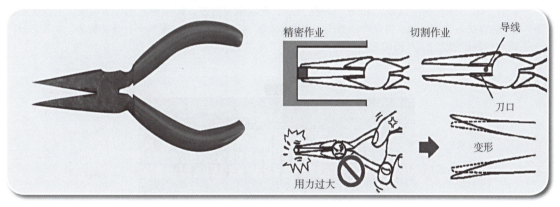

图 1-2-24　尖嘴钳

（2）鲤鱼钳　主要用于夹零件，如卡箍等，也可利用刀口剪断导线。通过改变支点的位置，可以调节钳口张开的程度，以实现不同的用途。在夹紧易损件时，需要做好防护，如在外面包裹防护布，如图 1-2-25 所示。

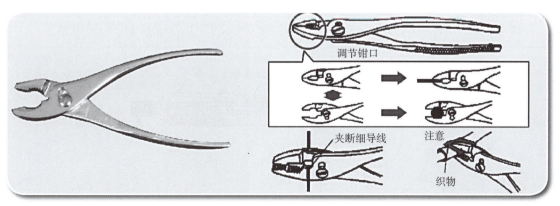

图 1-2-25　鲤鱼钳

二、常用量具

1. 游标卡尺

（1）组成　游标卡尺是精密量具，读数单位为0.05mm，有的为0.02mm。游标卡尺主要由一个带固定量爪的刻度尺和一个滑动量爪组成，如图1-2-26所示。刻度尺为主尺，滑动量爪带有游标尺。

（2）分类　游标卡尺可以用来测取内部和外部尺寸。测内部尺寸时，要使用相应的测内径量爪。汽车修理车间所用的游标卡尺基本有标准游标尺、表盘游标尺和数字游标尺三种型式，如图1-2-27所示。

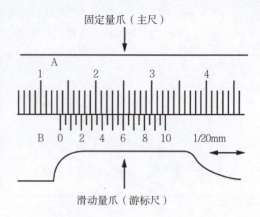

图1-2-26　固定量爪和滑动量爪

图1-2-27　各种游标卡尺

（3）识读　测量值的读取，如图1-2-28所示：先读取整数值，即主标尺刻度的数值，其位于游标"0"的左边，如 A 为45 mm；再读取小数值，即游标上的刻度与主标尺刻度相对齐点的数值，如 B 为0.25 mm；最终的测量值为 $A+B$=45+0.25=45.25 mm。

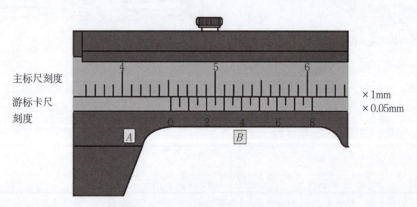

图1-2-28　游标卡尺的读数

2. 外径千分尺

（1）组成　外径千分尺是一个螺旋式量具，包括一个带测砧的尺架和一个支承测轴的螺纹套。转动活动套的滚花部分，可使测轴相对测砧旋进旋出。

图1-2-29所示的外径千分尺装的是一个短测砧，有多种不同尺寸的测砧以适应不同的用途。

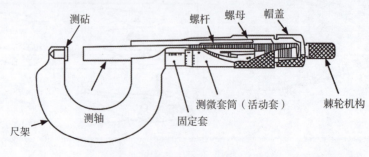

图1-2-29　外径千分尺的组成

（2）识读　测量前，首先清洁测砧，再进行校零，如不在零位可用调整扳手进行调整；测量时，先将测砧与被测件接触，再旋转微分筒直到测微螺杆接近被测件，然后旋转测力装置，直到空转几次后进行锁止，再读取测量值。

测量值的读取，如图1-2-30所示，先读取0.5 mm的整数值，即在固定套管刻度上可以看见的最大值，例如，A=55.5 mm；再读出0.5 mm以下的小数值，即微分筒上的刻度与固定套管上的刻度对齐点的数值，需估读至0.001 mm，例如，B=0.450 mm，最终的测量值为：$A+B$=55.5+ 0.450=55.950 mm。

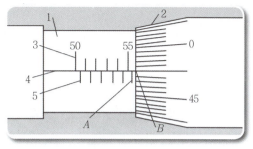

图1-2-30　千分尺的读数

1- 固定套管；2- 微分筒；3-1 mm 刻度；
4- 套管刻度基线；5-0.5 mm 刻度

3. 百分表

百分表主要用于测量轴的弯曲和端面圆跳动等，测量精度为0.01 mm，百分表的结构如图1-2-31所示。将百分表与磁性表座相连，可以实现测量弯曲度、端面圆跳动，与内径测量杆相连，可以测量汽缸内径。测量时，要使测量头垂直于被侧面，并设置指针位于量程的中间位置，以提高灵敏度，如图1-2-32所示。测量值的读取：读取表盘指针在表盘内偏摆的最大刻度，如左右偏摆7个刻度，则偏差为0.07 mm。

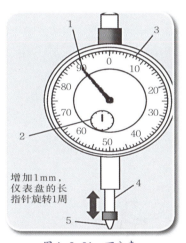

图1-2-31　百分表

1-指针；2-转数指示盘；3-表盘；
4-测量杆；5-测量头

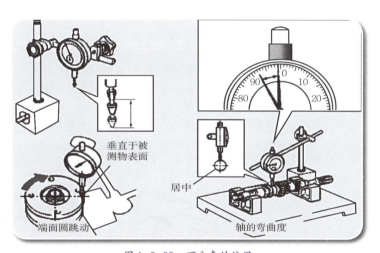

图1-2-32　百分表的使用

三、举升机

举升机是汽车维修企业必备的设备之一，在车辆作业中发挥着至关重要的作用，无论整车大修，还是小修维护，都离不开举升机，常用的有立柱式和剪式举升机。

1. 立柱式举升机

立柱式举升机结构如图1-2-33所示，安装比较方便，地面无需挖槽，但对车间高度有一定要求。汽车维修企业很多重大事故是由举升机操作不当导致，因此，使用举升机一定要遵守操作规范，有以下注意事项：

① 在上升或下降时，都应观察举升机周围状况，在取得同伴同意后才可操作。

② 在上升或下降时，眼睛要注视车辆，观察两侧托臂是否同步，如发现异常，应停止举升或下降，并采取可靠措施，避免车辆意外坠落。

③ 认真学习和掌握使用说明书中的各项安全注意事项并认真执行，严禁超载使用，并特别注意防止偏载。

④ 严禁使用带故障的举升机。

图1-2-33　立柱式举升机

1-托臂；2-垫块；3-举升操作按钮；
4-下降操作臂

笔记

2. 剪式举升机

剪式举升机的结构如图 1-2-34 所示。

其使用方法与注意事项同立柱式举升机，不同之处是，举升前放置好垫块，在车辆受力后再次检查垫块的放置，在举升至操作位置后，应锁止并关闭控制面板上的电源开关，如图 1-2-35 所示。

　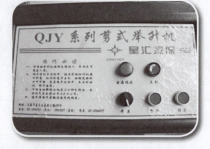

图 1-2-34　剪式举升机　　　　图 1-2-35　控制柜控制面板

举升机在操作过程中需要注意以下几点，如图 1-2-36 所示。

① 在抬升和降下举升器前要先进行安全检查，并向其他人发出举升器即将启动的信号。

② 一旦轮胎稍离地，即要检查车辆支承是否合适。

③ 将所有的行李从车上搬出并提升空车。

④ 检查一下车辆，除支承部件外，没有其他部件在现场。

⑤ 切勿提升超过举升器提升极限的车辆。

⑥ 带有空气悬架的车辆因其结构关系需要特别处理。请参考维修手册说明。

⑦ 在提升车辆时切勿移动车辆。

⑧ 在拆除和更换大部件时要小心，因为汽车重心可能改变。

⑨ 切勿将车门打开提升车辆。

⑩ 如果在一段时间内未完成作业，则要把车放低一些。

图 1-2-36　举升机操作注意事项

一、操作条件

设备：举升机、车辆。

二、安全及注意事项

① 按规范操作举升机，并做必要的安全防护，不能盲目举车或进入车底。

② 对举升机要及时规整复位，并对场地进行 5S 工作。

三、操作过程

序号	操作步骤	图解	操作方法及操作标准
1	停放车辆		【操作方法】 检查车辆停放位置是否合适，必要时进行调整 【操作标准】 车辆中心轴线应和举升机对称面在同一平面内，车辆不允许偏向任一侧或一端
2	预置举升机托臂		【操作方法】 （1）调整四个垫块高度一致； （2）预置举升机托臂 【操作标准】 四个垫块高度应在一个高度位置上
3	检查托臂位置		【操作方法】 （1）稍微举升车辆，使托臂接近车辆底部； （2）检查托臂位置 【操作标准】 顶起位置对准车辆支承点
4	举升车辆		【操作方法】 （1）举升车辆至车轮刚离地面检查车辆的稳定性； （2）在车前后轻轻晃动车辆； （3）举升至操作位置停止，进行保险 【操作标准】 举升的过程中，操作人员眼睛要密切注意举升机周围和被举升车辆本身的情况，防止安全隐患
5	下降车辆		【操作方法】 （1）稍微举升车辆； （2）解除保险； （3）将举升机下降至最低点； （4）收复举升机托臂 【操作标准】 作业完毕需要将车辆完全降下，一定要使车轮完全着地

【问题情境】 游标卡尺（图 1-2-37）在不同场合使用时测量和读数方法是一致的吗？

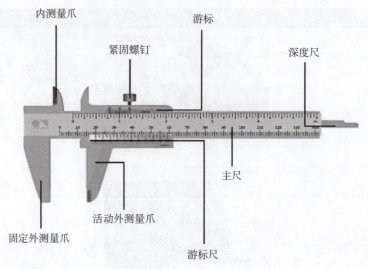

图 1-2-37 游标卡尺结构

解决途径：测量方式不同，但读数方法是相同的。①外径测量：移动游标将物体夹在固定外测量爪和活动外测量爪之间；②内径测量：移动游标将物体夹在内测量爪之间；③深度测量：将游标卡尺的底部置于物体的顶部，降低深度尺。

四、学习结果评价

请根据表 1-2-1，完成学习结果的自我评价。

表 1-2-1 自我评价表

序号	评价内容	评价标准	评价结果（是/否）
1	知识与技能	能正确使用各常用工量具	□是 □否
		能说出各常用工量具的使用注意事项	□是 □否
		能正确操作举升机	□是 □否
		能说出举升机操作的注意事项	□是 □否
2	安全与5S	能对场地进行安全检查	□是 □否
		能做好安全防护	□是 □否
		能遵守场地日常安全条例	□是 □否
		能使用工具、工位进行整理、复位、清扫	□是 □否
3	总评	能够满足下一步内容学习	□是 □否

1. 请根据工作要求选择适宜的工具进行拆装练习。并写出所选用工具的名称。
   ① 进行轮胎更换；
   ② 拆装车辆底盘下护板；
   ③ 用铁丝固定2个物体；
   ④ 取下固定卡簧。
2. 在哪里可以找到举升机的最大载重结合实物？

项目三 基础流程认知

1. 掌握维修部门的人员构成及工作职责。
2. 能正确实施维护作业流程。

一、人员构成

维修部门主要由业务人员、管理员、班组长、维修人员等组成。

二、作业流程

维修作业的一般业务流程如图 1-3-1 所示。

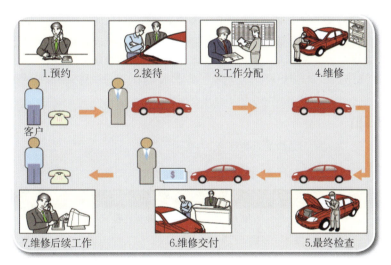

图 1-3-1 维修作业业务流程

1. 预约

主要由业务人员负责。任务：倾听客户的需求并做好记录，如车型、时间、估算等；安排预约并通知管理员与配件部门。

2. 接待

主要也由业务人员负责。任务：顾客到达后问候客户；说明维修工作，特别是时间和费用；取得客户对维护工作的批准；填写修理单，记录客户的需求，检查维修记录；进行车辆的全身检查，避免不必要的麻烦；将修理单转交给管理员以安排任务。

3. 工作分配

主要由管理员负责。任务：根据完成任务的时间及技术水平分配任务。

4. 维修

主要由维修人员负责。任务：接受工作任务（修理单）；根据工作任务到仓库领零部件；在允许的时间内完成任务；向班组长确认工作完成。对于难度高的任务，班组长要给维修人员提供技术帮助。如果在维护作业过程中，维修人员发现不能按时完成工作任务或需要其他零部件时，一定要向班组长或管理员及时汇报，并根据指示进行工作或开始另一项工作。

5. 最终检查

主要由班组长负责。任务：进行完工后的检查；向管理员确认工作完成。管理员再向业务人员确认工作完成，准备交付。

6. 维修交付

主要由业务人员负责。任务：检查车辆是否清洁；准备将更换的零部件给客户看；准备为所有费用开出发票；电话通知客户，确认车辆准备交付。在业务人员或客户要求时，管理员提供技术说明。

7. 维修后续工作

主要由业务人员负责。任务：调查客户对所完成工作的满意度。

一、操作过程

分组配合练习汽车 4S 店维修服务。

学生分成小组，分别扮演客户、前台接待员、车间主管、仓库管理员、质检员、结算员、收款员和客户服务专员 8 种角色，进行情境模拟，加强学生对整个维护流程的认知，培养学生语言表达能力和处理实际问题的能力。

【问题情境】客户车辆在维修过程中发现需要增项维修，应如何处理？

解决途径：① 必须由主修人提出申请，并由业务人员、业务经理和技术总监制订增项维修方案；② 增项部分必须由技术总监签字认可、增加的维修工时和增加的维修费用必须由业务经理签字认可；③ 由业务经理负责与客户沟通，只有在用户认可同意的情况下，方可增项施工；④ 增项维修车辆，必须通过交车检验，方可交车；⑤ 保持增项维修中的相关记录。

二、学习结果评价

请根据表 1-3-1，完成学习结果的自我评价。

表 1-3-1　自我评价表

序号	评价内容	评价标准	评价结果（是/否）
1	知识与技能	能说出汽车维修的一般业务流程	□是　□否
		能进行车辆维护预约	□是　□否
		能完成客户到店接待	□是　□否
		能进行接车进厂的基本流程	□是　□否
		能说出电话回访的基本要素	□是　□否
2	安全与5S	能对场地进行安全检查	□是　□否
		能做好安全防护	□是　□否
		能遵守场地日常安全条例	□是　□否
		能使用工具对工位进行整理、复位、清扫	□是　□否
3	总评	是否能够满足下一步内容学习	□是　□否

请针对某一汽车维修企业进行调研，说出该企业维修业务接待的流程及要点。

单元二　汽车电气设备与附件维护

项目一　车身检查

任务一　车身外观漆面检查

学习目标

1. 能准确描述车身各种涂层。
2. 会正确实施车身外观漆面检查。

核心概念

汽车漆面镀膜：在汽车漆面上涂上一层薄膜，目的是保护汽车漆面的光泽度不会衰减，同时使漆面在物理上得到一层保护膜，从而达到保护漆面的目的。

汽车漆面检查项目：有无油污、损坏、划痕等情况。

基本知识

一、汽车漆面作用

汽车漆面如图 2-1-1 所示，主要有以下几方面的作用：

① 保护作用。汽车作为户外交通工具，长期受到大气中的湿气、氧气、工业大气、二氧化碳等介质的侵蚀。汽车油漆在汽车上形成牢固附着的连续膜层，可避免其表面与周围介质发生化学或电化学反应，阻止或延迟对汽车破坏现象的发生和发展。

② 装饰作用。汽车表面上涂上各种颜色鲜艳的涂料，显得美观大方，给人以美的感受，还彰显了车辆的个性，丰满的漆膜还可以提高汽车的档次。

③ 标志作用。汽车漆的颜色可标志该汽车的种类和作用，如邮政车为绿色，救护车为白色，消防车为红色等。

④ 其他作用。有些汽车用涂料可提高汽车的舒适性和密封性，防止振动产生的噪声。

图 2-1-1　车身漆面

外观检查车漆

二、汽车车身漆面组成

车身漆面具有防止金属部件生锈、防止阳光直射、加强车身强度、美化车身外观等作用，主要由底漆、中间涂层、面涂层组成，如图 2-1-2 所示。不同漆面有着不同的作用：底漆防止金属底板生锈；中间涂层使底漆光滑；面涂层能美化车身外观。

图 2-1-2　车身漆面漆层

1- 金属板；2- 底漆；
3- 中间涂层；4- 面涂层

笔记

三、汽车漆面需要检查的项目

1. 汽车漆面有无污垢

汽车漆面有污垢的情形如图 2-1-3 所示。

图 2-1-3　汽车漆面有污垢

2. 汽车漆面有无凹坑、损坏

汽车漆面有凹坑、损坏的情形如图 2-1-4 所示。

图 2-1-4　汽车漆面有凹坑、损坏的情形

一、操作条件

①设备：整车、工作台。
②工具：车轮挡块、地板垫、座椅套、转向盘套、翼子板布、前格栅布、抹布若干。

二、安全及注意事项

①挡块正确安装。
②车内、外防护铺设到位。
③对所使用的纸质维修手册、电脑、车辆或举升机要及时规整复位，并对场地进行 5S 工作。

三、操作过程

序号	操作步骤	图解	操作方法及操作标准
1	准备工作		【操作标准】 工具要齐全，摆放要整齐

续表

序号	操作步骤	图解	操作方法及操作标准
2	车辆防护		【操作方法】 （1）安装车轮挡块，安装车内防护； （2）拉起驻车制动杆，降下驾驶员侧车窗玻璃，拉发动机舱盖释放杆； （3）打开发动机舱盖，安装翼子板布和前格栅布 【操作标准】 按步骤进行安全防护
3	检查车身漆面		【操作方法】 检查车身漆面是否有污垢 【操作标准】 按照顺时针方向检查，有油污处及时做记录
4	检查车身变形		【操作方法】 检查车身表面是否有凹坑、损坏 【操作标准】 按照顺时针方向检查，有凹坑、损坏处及时做记录
5	车辆、工具复位		【操作方法】 清洁并整理工具 【操作标准】 在操作过程中要严格执行"5S"操作

【问题情境一】假设某个阳光明媚的日子，你欢快地开着车行驶在路上，结果头顶翱翔的鸟儿，在你的爱车上留下了点痕迹，这是属于漆面问题吗？还有哪些常见的汽车漆面难题？

解决途径： 如图 2-1-5 所示。

图 2-1-5 汽车漆面常见难题

笔记

【问题情境二】解决汽车常见难题方法有哪些?

解决途径:

漆面氧化——研磨和抛光处理。

浅划痕——专业的抛光方法可以去除。

龟裂——经常打蜡可减少龟裂产生。

交通"膜"——可用研磨抛光处理。

褪色——中、轻度的褪色可用研磨、抛光治理,严重时必须重喷漆。

蚀痕——只有很轻微的可用研磨抛光解决。

水痕纹——水痕纹属轻微时,打蜡抛光可治愈严重时需研磨或喷漆。

四、学习结果评价

请根据表 2-1-1,完成学习结果的自我评价。

表 2-1-1 自我评价表

序号	评价内容	评价标准	评价结果(是/否)
1	知识与技能	能安装车辆防护	□是 □否
		能简述汽车漆面作用	□是 □否
		能准确描述汽车漆层组成	□是 □否
		能准确检查汽车车面污垢并记录	□是 □否
		能准确检查汽车车面凹坑/损坏并记录	□是 □否
2	安全与5S	能对场地进行安全检查	□是 □否
		能安全进行车辆防护	□是 □否
		能做好安全防护	□是 □否
		能遵守场地日常安全条例	□是 □否
		能使用工具、工位进行整理、复位、清扫	□是 □否
3	总评	能够满足下一步内容学习	□是 □否

1. 作业1图所示的车漆表面是哪一类型问题?你会怎么解决?
2. 雨雪天过后,你的爱车表面覆盖了厚厚的白雪,你觉得因此会给你的爱车带来漆面问题么?

作业1图

任务二　汽车玻璃检查与维护

1. 能正确读懂汽车标识含义。
2. 会正确实施汽车玻璃检查与维护。

汽车玻璃：车辆上重要的部件之一，除了具有透明的特性外，碰到物体不易碎的特性还能够有效保护驾乘人员的安全。

汽车玻璃检查项目：汽车玻璃主要检查外观有无开裂、破损等情况。

一、汽车玻璃标识含义

常见汽车玻璃右下角标识如图2-1-6所示，具体含义如下：

1——汽车制造商商标；
2——玻璃制造商商标；
3——中国3C认证合格标志；
4——玻璃类型：LAMINATED代表的是夹层玻璃；若是钢化玻璃则是TEMPERED；
5——汽车玻璃制造商的安全认证代码；
6——代表通过欧共体第43号法规；
7——代表玻璃的生产日期；其中的数字代表年份，黑点代表月份；黑点在数字的前面则代表上半年，对应的月份则用7减；黑点在数字的后面，则代表下半年，对应的月份就用13减。图2-1-6中玻璃制造年份是与图示不符；
8——欧盟认证标志。

图2-1-6　汽车玻璃标识

外观检查前挡玻璃

二、汽车玻璃部件

汽车玻璃是车外部件（如图2-1-7所示）的组成部分之一，整辆汽车玻璃部件包含三部分：图中4（前挡风玻璃）、10（门窗玻璃）、17（后窗玻璃）。

 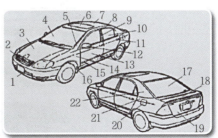

图2-1-7　汽车车外部件

1-保险杠；2-散热器护棚；3-发动机盖；4-前挡风玻璃；5-前柱；6-天窗；7-车顶板；8-门框；9-中柱；10-门窗玻璃；11-外侧门把手；12-后视镜；13-门板；14-前翼子板；15-防擦条；16-挡泥板；17-后窗玻璃；18-后扰流器；19-后备厢盖；20-加油门盖；21-后翼子板；22-后柱

三、汽车玻璃分类

汽车玻璃的类型较多，如图 2-1-8 所示。一般分为夹层玻璃、钢化玻璃、防紫外线玻璃、有色玻璃、吸收太阳能玻璃。

① 夹层玻璃。将一种透明的具有防紫外线的薄膜夹在两层普通玻璃中间，并压在一起，能有效地防止物体穿透玻璃，现在这种玻璃一般用作前挡玻璃。

② 钢化玻璃。这种玻璃的强度是普通玻璃的四倍，在遭到强烈碰撞时会碎成微小的颗粒，最大限度地减少对人体的伤害，一般用在侧窗玻璃上。

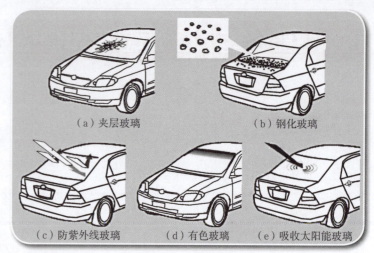

图 2-1-8　汽车玻璃分类

③ 防紫外线玻璃。可以减少大约 90%～95% 的紫外线。

④ 有色玻璃。一般是绿色或青铜色，有遮光带的玻璃用作前挡风玻璃。

⑤ 吸收太阳能玻璃，可以减少由阳光直射而导致的车内温度升高。

汽车玻璃主要检查外观有无开裂、破损等情况，如有需在接车单上标注，当面与客户签字确认，并建议及时更换汽车玻璃。

一、操作条件

① 设备：整车、工作台。
② 工具：车轮挡块、地板垫、座椅套、转向盘套、翼子板布、前格栅布、抹布若干。

二、安全及注意事项

① 挡块正确安装。
② 车内、外防护铺设到位。
③ 对所使用的纸质维修手册、电脑、车辆或举升机要及时规整复位，并对场地进行 5S 工作。

三、操作过程

序号	操作步骤	图解	操作方法及操作标准
1	准备工作		【操作标准】 工具要齐全，摆放要整齐
2	车辆防护		【操作方法】 （1）安装车轮挡块，安装车内防护； （2）拉起驻车制动杆，降下驾驶员侧车窗玻璃，拉发动机舱盖释放杆； （3）打开发动机舱盖，安装翼子板布和前格栅布 【操作标准】 按步骤进行安全防护

续表

序号	操作步骤	图解	操作方法及操作标准
3	检查汽车玻璃		【操作方法】 检查汽车玻璃是否有裂纹、破损 【操作标准】 按照顺时针方向检查,有油污处及时做记录
4	车辆、工具复位		【操作方法】 清洁并整理工具 【操作标准】 严格执行"5S"操作

【问题情境一】路况这么好,你正驾驶爱车欢快飞奔,结果一颗小石子砸到爱车的前挡风玻璃,如图 2-1-9 所示,你是继续干脆就凑合着用,还是见不得有一点小伤,马上就去更换?

解决途径:汽车玻璃被不小心划伤也是一种比较常见的情况,具体能不能修复还得看刮伤的位置及深浅来做决定,一般车窗和后挡风玻璃是可以通过抛光来进行修复的,而对于前挡风玻璃划伤,则需要分为两种情况再来决定:

(1)不在主视区 可以用玻璃研磨膏及专用气动工具进行抛光处理,但如果是硬伤或深度划伤的话,是无法修复的;

图 2-1-9 汽车前挡风玻璃裂纹

(2)在主视区 一般不建议抛光,除非是特别轻微的划痕,因为抛光后玻璃的弧度及厚度发生细微变化,容易产生光畸变现象,司机开车容易出现头晕情况,影响安全。

【问题情境二】汽车前挡风玻璃和侧窗玻璃,使用厚度相同的玻璃吗?

解决途径:侧窗一般用 3 或 4mm 钢化玻璃,前窗一般用 5mm 钢化玻璃或 3+2 夹胶玻璃。

四、学习结果评价

请根据表 2-1-2,完成学习结果的自我评价。

表 2-1-2 自我评价表

序号	评价内容	评价标准	评价结果(是/否)
1	知识与技能	能安装车辆防护	□是 □否
		能读懂汽车玻璃标识含义	□是 □否
		能准确描述汽车玻璃分类	□是 □否
		能准确检查汽车玻璃并记录	□是 □否
2	安全与5S	能对场地进行安全检查	□是 □否
		能安全进行车辆防护	□是 □否
		能做好安全防护	□是 □否
		能遵守场地日常安全条例	□是 □否
		能使用工具、工位进行整理、复位、清扫	□是 □否
3	总评	能够满足下一步内容学习	□是 □否

1. 作业1图汽车玻璃的生产时间，你读懂了吗？
2. 汽车前挡风玻璃出现了作业2图问题，是什么原因导致？能修复吗？

作业1图　　　　　　　　　　作业2图

任务三　车身附件检查与维护

1. 理解各种车身功能部件的功用。
2. 会正确检查和调整各功能部件。

汽车燃油箱：汽车油箱的全称，即燃油储存装置，对耐腐蚀性要求高。
后视镜：驾驶员坐在驾驶室座位上直接获取汽车后方、侧方和下方等外部信息的工具。

一、油箱盖

油箱盖位于车辆乘客侧的燃油加注口门后（图2-1-10）。要取下油箱盖，请按逆时针方向缓慢转动。加油时，将油箱盖挂在燃油加注口门的挂钩上。重新安装油箱盖时，按顺时针方向拧动油箱盖直至听到一声咔嗒声，确认加油箱盖已完全盖好。

1. 变形或者损坏

通过检查确保油箱盖或者垫片都没有变形或者损坏，如图2-1-11所示。同时检查真空阀是否锈蚀或者粘住。

2. 附件情况

通过检查确保油箱盖能够被正确上紧，如图2-1-12所示。

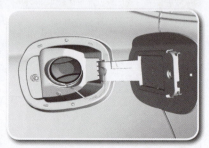

图2-1-10　油箱盖认识

检查主驾车窗控制开关功能是否正常

图 2-1-11 油箱盖检查

图 2-1-12 附件及连接状况

3. 扭矩限制器工作情况
安装油箱盖。进一步上紧油箱盖，确保油箱盖发出咔嗒声而且能够自由转动（图 2-1-13）。

4. 连接状况
检查油箱门附件及连接状况，确保油箱门能正确关闭（图 2-1-14）。

图 2-1-13 扭矩限制器

图 2-1-14 附件及连接状况

二、后视镜

1. 调节后视镜
① 将选择开关按下至 L（左）或 R（右）（图 2-1-15），选择驾驶员或乘客侧后视镜。
② 按下控制板上的箭头（图 2-1-16），将各后视镜移动至所需位置。
③ 使选择开关恢复至中央位置。

图 2-1-15 左右后视镜切换

图 2-1-16 后视镜调

2. 折叠后视镜
（1）手动折叠　如装备手动折叠后视镜，外后视镜可向内朝车身折叠，以防通过自动洗车机时将其损坏。向外推后视镜可返回初始位置。
（2）电动折叠　如装备电动折叠后视镜，按下折叠后视镜开关（图 2-1-17），收起后视镜（图 2-1-18）。

图 2-1-17 折叠后视镜　　　　图 2-1-18 后视镜折叠效果图

一、操作条件

① 设备：整车。
② 工具：手套、抹布。

二、安全及注意事项

① 如果过快地打开加油口盖，燃油可能会喷出。如果燃油箱接近全满，则可能会发生这种喷出情况，天气炎热时更有可能发生。缓慢地打开加油口盖，如果听到嘶嘶的声音应停止并等待，然后完全拧下加油口盖。

② 在折叠后视镜时，可能会听到一声爆音。在手动折叠操作后，此声音属于正常现象。电动折叠时，此声音为后视镜意外受阻。用后视镜控制装置折叠并展开后视镜一次，以将其重新设置到正常位置。

③ 对所使用的纸质维修手册、电脑、车辆或举升机要及时规整复位，并对场地进行5S工作。

三、操作过程

序号	操作步骤	图解	操作方法及操作标准
1	准备工作		【操作方法】 实操所需工具准备 【操作标准】 工具要齐全，摆放要整齐
2	车辆安全防护		【操作方法】 （1）安装车轮挡块，安装车内防护； （2）拉起驻车制动杆，降下驾驶员侧车窗玻璃，拉发动机舱盖释放杆； （3）打开发动机舱盖，安装翼子板布和前格栅布 【操作标准】 车轮挡块不能超出胎侧过多
3	油箱盖的检查		【操作方法】 （1）变形或者损坏； （2）附件连接情况； （3）扭矩限制器工作情况 【操作标准】 通过检查确保油箱盖或者垫片都没有变形或者损坏。同时检查真空阀是否锈蚀或者粘住； 安装油箱盖。进一步上紧油箱盖，确保油箱盖发出咔嗒声而且能够自由转动

续表

序号	操作步骤	图解	操作方法及操作标准
4	后视镜的调节		【操作方法】 （1）检查左侧后视镜上下、左右的方向调节是否正常； （2）检查右侧后视镜上下、左右的方向调节是否正常； （3）检查两侧后视镜折叠、伸缩是否正常，有无异音 【操作标准】 左侧后视镜调整要领：把水平线置于后视镜的中线位置，然后再把车身的边缘调到占据镜面影像的1/4； 右侧后视镜调整要领：把水平线置于后视镜的2/3位置，然后再把车身的边缘调到占据镜面影像的1/4
5	车辆、工具复位		【操作方法】 （1）取下车内、外防护用品； （2）车辆复位，清洁车身； （3）清洁并整理工具 【操作标准】 严格执行5S操作

【问题情境一】如图2-1-19所示，不同汽车品牌的油箱盖怎么打开？

解决途径：首先根据用户使用手册进行操作，每款车打开的方式有所不同。

【问题情境二】如图2-1-20所示，一般在什么情况下我们需要调整后视镜？

解决途径：根据驾驶员坐在驾驶室的位置来进行调整，最大限度地减少驾驶的盲区。

图2-1-19 汽车加油

图2-1-20 汽车后视镜

四、学习结果评价

请根据表2-1-3，完成学习结果的自我评价。

表2-1-3 自我评价表

序号	评价内容	评价标准	评价结果（是/否）
1	知识与技能	能对油箱盖进行变形或者损坏检查	□是 □否
		能对油箱盖进行附件及连接状况检查	□是 □否
		能对油箱盖进行扭矩限制器工作情况检查	□是 □否
		能对左右后视镜进行切换	□是 □否
		能对后视镜进行各方位调节	□是 □否
		能对后视镜进行折叠操作	□是 □否

续表

序号	评价内容	评价标准	评价结果（是/否）
2	安全与5S	能对场地进行安全检查	□是 □否
		能安全操作举升机	□是 □否
		能做好安全防护	□是 □否
		能遵守场地日常安全条例	□是 □否
		能使用工具、工位进行整理、复位、清扫	□是 □否
3	总评	能够满足下一步内容学习	□是 □否

课后作业

1. 平时在汽车在加油站加注燃油后，要注意哪些问题？
2. 如作业2图所示，用什么方法可以减小驾驶员的视觉盲区？

作业2图

任务四 排气管和消声器检查与维护

学习目标

1. 理解排气系统的结构。
2. 了解排气系统各部件的功用。
3. 掌握检查排气管和消声器的方法。

核心概念

排气系统：汇集各气缸的废气，降低废气的温度和压力，消除废气中残余的火星，减小排气噪声，按一定的线路来排出废气。

三元催化器：安装在汽车排气系统中最重要的机外净化装置，可将汽车尾气排出的CO、HC和NO_x等有害气体通过氧化和还原作用转变为二氧化碳、水和氮气，使排气得以净化。

汽车排气管和消声器主要由排气管、三元催化器和消声器等组成（图2-1-21）。

一、排气管与消声器

排气管与消声器有损坏，将产生排气泄漏，加剧大气污染，排气噪声明显增大。如有损坏需及时更换相应的排气管或消声器。

1. 排气管安装状况检查

检查排气管连接处是否有损坏；检查其支架上的橡胶吊耳是否有脱落或损坏（图2-1-22）。

2. 排气管外观检查

检查排气管是否有锈蚀和损坏，通过观察接头部位是否有炭黑，检查排气管连接处是否有漏气；检查消声器是否有锈蚀和漏气（图2-1-23）；检查三元催化器是否有损坏。

图 2-1-21　排气系统结构图

图 2-1-22　排气管吊耳

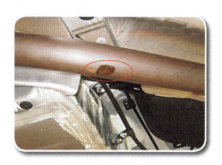

图 2-1-23　排气管锈蚀

可以启动发动机并适当加速，通过听排气噪声来判断排气管是否有漏气；作业时，应戴好手套，注意安全，避免烫伤。

二、三元催化器知识

三元催化器（图2-1-24）外形类似消声器，外面用双层不锈钢薄板制成筒形，在双层薄板夹层中装有绝热材料（石棉纤维毡），内部在网状隔板中间装有催化剂。

催化剂大多由铂（Pt）、钯（Pd）、铑（Rn）等稀有金属制成，价格较贵，喷涂在载体上。载体一般由三氧化二铝或陶瓷制成，其形状有球形、多棱体形和网状隔板等，从而增加催化剂与尾气的接触面积，能有更好的催化反应效果。

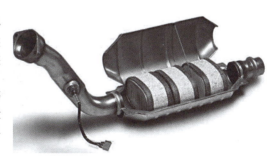

图 2-1-24　三元催化器结构

一、操作条件

① 设备：整车、工作台、举升机。
② 工具：手电筒、手套、抹布。

二、安全及注意事项

① 在检查排气管时，需按规范操作举升机，并做必要的安全防护，不能盲目举车或进入车底。

笔记

② 当进入车辆底部时，要从车辆前后进入车底，以免碰头。
③ 对所使用的纸质维修手册、电脑、车辆或举升机要及时规整复位，并对场地进行5S工作。

三、操作过程

序号	操作步骤	图解	操作方法及操作标准
1	准备工作		【操作标准】 工具要齐全，摆放要整齐
2	车辆安全防护		【操作方法】 （1）安装车轮挡块，安装车内防护； （2）拉起驻车制动杆，降下驾驶员侧车窗玻璃，拉发动机舱盖释放杆； （3）打开发动机舱盖，安装翼子板布和前格栅布 【操作标准】 车轮挡块不能超出胎侧过多
3	排气管安装状况检查		【操作方法】 （1）将车辆举升至最高位； （2）戴上手套，拿着手电筒； （3）检查橡胶吊耳是否有脱落、损坏； （4）检查排气管连接处垫圈是否有损坏、渗漏 【操作标准】 橡胶吊耳要求拉动检查
4	排气管外观检查		【操作方法】 （1）检查三元催化器是否损坏； （2）检查排气管是否有锈蚀、损坏、渗漏； （3）检查消声器是否有锈蚀和漏气 【操作标准】 排气管如有渗漏需更换
5	车辆、工具复位		【操作方法】 （1）降下车辆； （2）取下车内、外防护用品； （3）车辆复位，清洁车身； （4）清洁并整理工具 【操作标准】 严格执行5S操作

【问题情境一】如图2-1-25所示，三元催化器失效后在实际使用当中，如果车辆出现油耗增加、加速无力、转速提升困难甚至启动困难等故障时，应该怎么处理？

解决途径：通常情况经过清洗或疏通三元催化器即可恢复正常的油耗和动力。当然三元催化器失效还有其他症状，应当及时到专门的维修厂进行检修。

【问题情境二】如图 2-1-26 所示,汽车行驶中,发动机排气管冒黑烟,排气管(消声器)有异常响声是什么原因?

解决途径: 排气管冒黑烟可能是可燃混合气过浓、火花塞工作不良、点火过迟等原因造成的。排气管异响要分析是低速时还是转弯情况下。

图 2-1-25 三元催化器

图 2-1-26 排气管冒黑烟

四、学习结果评价

请根据表 2-1-4,完成学习结果的自我评价。

表 2-1-4 自我评价表

序号	评价内容	评价标准	评价结果(是/否)
1	知识与技能	能拉起驻车制动,降驾驶席车窗玻璃	□是 □否
		能打开发动机舱盖	□是 □否
		能检查橡胶吊耳是否有脱落、损坏	□是 □否
		能检查消声器是否有锈蚀和漏气	□是 □否
		能检查三元催化器是否有损坏	□是 □否
		能检查排气管是否有锈蚀、损坏	□是 □否
		能检查消声器是否有锈蚀和漏气	□是 □否
2	安全与5S	能对场地进行安全检查	□是 □否
		能安全操作举升机	□是 □否
		能做好安全防护	□是 □否
		能遵守场地日常安全条例	□是 □否
		能使用工具、工位进行整理、复位、清扫	□是 □否
3	总评	能够满足下一步内容学习	□是 □否

1. 请看作业1图,汽车排气管的数量与汽车性能有何关系?
2. 请看作业2图,汽车排气管滴水是怎么回事?

作业1图

作业2图

项目二 车身系统

任务一 座椅及后视镜检查与维护

1. 能进行座椅的检查操作。
2. 能对座椅进行检修。

座椅的功用：缓和路面对驾驶员和乘客的冲击力，从而提升乘坐舒适性。

一、汽车座椅

汽车座椅为了确保舒适，同时满足不同驾驶员的操作和安全要求，轿车座椅都具有调节功能，如图2-2-1（a）所示，很多轿车座椅还安装了用电机操作的座椅，如图2-2-1（b）所示，以便于操作。

座椅调节功能、后视镜调节功能开关

（a）手动调节座椅　　　　　　　　（b）自动调节座椅

图2-2-1　可调节的汽车座椅

1. 操作

汽车座椅一般可以多方向调节，常见的包括：前后移动调节、座椅高度调节、座椅靠背角度调节。调节方法包括手动和自动调节两种。

（1）手动调节的方法　当需要前后移动座椅时，握住座位位置调节杆的中间，如图2-2-2（a）所示的红圈所示部位，并向上拉，然后利用轻微的身体压力把座位滑动到所需要的位置，然后将杆释放即可；当需要调整座椅高度时，上下移动座位高度调节拉杆，如图2-2-2（b）所示的红圈所示部位，即可进行相应调整；当需要调整靠背角度时，向前倾斜并把座位靠背角度调节杆向上拉，如图2-2-2（c）所示的红圈所示部位，然后向后倾斜至所需要的角度，然后将杆释放即可。

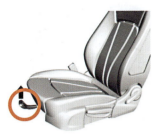  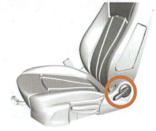

（a）前后移动　　　　　　　（b）上下移动　　　　　　　（c）椅背倾斜

图 2-2-2　手动操作部位（红圈部位）

（2）自动调节的方法　自动调节功能基本与手动调节功能相仿，通过对相关按钮的操作来完成对应的调节。图 2-2-3 中红圈所示部分即为前后上下移动和椅背倾斜的按钮。

（a）前后上下移动　　　　　　（b）椅背倾斜

图 2-2-3　自动操作按钮（红圈部位）

2. 座椅的检查

座椅检查时需注意座椅调节功能是否正常，操作时是否流畅，有无卡死或移动幅度受限等情况，停止操作时座椅位置是否牢固。

二、后视镜

1. 功用

电动后视镜的功用是便于驾驶员坐在座椅上通过电动机就可以方便快捷地对左右后视镜的后视角度进行调节，通常由调整开关、电动机、传动和执行机构等组成。车内后视镜一般调整较为方便，所以基本为手动调整。如图 2-2-4 所示。

（a）车外左后视镜　　　　　　（b）车内后视镜

图 2-2-4　汽车后视镜

2. 操作

电动后视镜通过驾驶员手侧按钮调整，如图 2-2-5(a) 所示，包括左右后视镜选择、镜片上下角度调整、镜片左右角度调整。有些车型还有车辆后视镜折叠开关，用于在必要的时候（停车时）将后视镜折叠起来，减少被剐蹭的情况。不同车型的电动后视镜按钮所在位置不同，如图 2-2-5 所示，福特及大众电动后视镜按钮在驾驶员左侧电动车窗升降按钮附近，丰田致炫在驾驶员前方控制面板左手处灯光调节旁边。

（a）福特蒙迪欧致胜电动后视镜按钮　　　（b）大众电动后视镜按钮　　　（c）丰田致炫电动后视镜按钮

图 2-2-5　电动后视镜按钮

3. 电动后视镜的检查

电动后视镜检查时需注意后视镜调节功能是否正常，按钮操作是否灵敏，操作结束后是否能保持位置不变。另外车内后视镜往往是手动调整，也需要检查是否能正常调整位置，调整后能否保持位置不动。

一、操作条件

① 设备：汽车。
② 工具：防护三件套、挡块。

二、安全及注意事项

① 在操作之前必须先安装车轮挡块。
② 进入车内前必须先铺设防护三件套，并确认手刹已拉起。
③ 对所使用的纸质维修手册、车辆、工具要及时规整复位，并对场地进行 5S 工作。

三、操作过程

序号	操作步骤	图解	操作方法及操作标准
1	准备工作		【操作方法】 （1）安装车轮挡块； （2）打开车门确认已在驻车挡位； （3）铺设车内防护三件套 【操作标准】 进车之前确认驻车制动
2	检查座椅功能		【操作方法】 （1）检查座椅各调节装置功能是否正常； （2）检查座椅位置是否牢固 【操作标准】 调节座椅位置至极限值，确认功能正常； 晃动座椅，确认座椅是否牢固

续表

序号	操作步骤	图解	操作方法及操作标准
3	检查后视镜功能	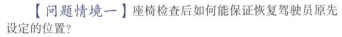	【操作标准】 检查后视镜调节功能是否正常； 调节后视镜各功能至极限值
4	工位复原		【操作方法】 （1）移除车内三件套； （2）移除车轮挡块； （3）工位清洁 【操作标准】 严格执行5S操作

【问题情境一】座椅检查后如何能保证恢复驾驶员原先设定的位置？

解决途径：有些高级轿车的电动座椅带有记忆功能，可以自动回到驾驶员设定的位置。

【问题情境二】如图2-2-6所示，汽车周围有没有利用后视镜也无法观察到的地方？

解决途径：在汽车周围放置些物品来检查汽车周围的盲区。

图2-2-6　左侧后视镜盲区示意图

四、学习结果评价

请根据表2-2-1，完成学习结果的自我评价。

表2-2-1　自我评价表

序号	评价内容	评价标准	评价结果（是/否）
1	知识与技能	能找到各种调整开关	□是　□否
		能正确调整座椅位置	□是　□否
		能正确调整后视镜位置	□是　□否
2	安全与5S	能对场地进行安全检查	□是　□否
		能做好工位防护	□是　□否
		能做好安全防护	□是　□否
		能遵守场地日常安全条例	□是　□否
		能使用工具、工位进行整理、复位、清扫	□是　□否
3	总评	能够满足下一步内容学习	□是　□否

1. 汽车座椅还有哪些别的调节功能呢？
2. 汽车后视镜如何调节位置才能为驾驶员带来更大的视野？

笔记

任务二　洗涤系统检查与维护

学习目标

1. 能掌握洗涤系统的检查步骤。
2. 能辨别洗涤系统异常的情况。
3. 能对简单的洗涤系统故障进行排除。

核心概念

汽车洗涤系统的功用：保证在各种使用条件下挡风玻璃表面的干净和清洁，一般包括车窗清洗系统和电动刮水器。

基本知识

一、车窗清洗系统

1. 功用

车窗清洗系统的功用是在必要时向风窗表面喷洒专用清洗液或水，在电动刮水器的配合下对风窗表面的灰尘或脏污进行清洁。通常包括储水箱、水泵、输水管和喷水嘴，如图2-2-7所示。其中储水箱一般是1.5～2L的塑料罐，水泵是一种微型电动离心泵，用于将清洗液输向喷水嘴，经2～4个喷水嘴的挤压作用将洗涤水分成细小的射流喷向挡风玻璃，配合雨刮器起到清洁挡风玻璃的作用。图2-2-8所示为车窗清洗系统喷水嘴位置。

洗涤器喷射及雨刮各挡位功能

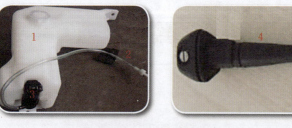

图2-2-7　车窗清洗系统元件
1-储水箱；2-水泵；3-输水管；4-喷水嘴

图2-2-8　车窗清洗系统喷水嘴位置

2. 操作方式

车窗清洗系统通常通过控制杆操作，控制杆一般在转向盘的右侧，如图2-2-9所示，使用喷洗器之前点火开关应在"ON"挡位，具体操作如下：

① 上拉一下控制杆：喷出少量清洗液，同时刮水器联动刮拭一次；

② 长时间上拉控制杆：持续喷出清洗液，同时刮水器持续进行刮拭；

③ 松开控制杆：刮水器停止刮拭。

注意：如在结冰的天气使用，应先用除霜器对挡风玻璃进行加温，可以防止清洗液冻结在挡风玻璃上。

图2-2-9　雨刮器控制杆

3. 车窗清洗系统的检查

车窗清洗系统检查包括清洗液液位检查、车窗清洗系统功能检查和喷洗位置检查。

（1）清洗液液位检查　检查车窗清洗系统的储水箱清洗液液位是否正常，如图 2-2-10 所示，部分车型清洗液液位可直接观察是否在 1～2 之间，另外部分可以通过储水箱中的拉尺刻度来确定。如果清洗液不足，需补足清洗液，如图 2-2-11 所示。

（2）车窗清洗系统功能检查　车窗清洗系统功能检查包括：喷水嘴的喷射功能、喷射压力、刮水器联动功能的检查。注意：检查前需启动发动机，以防止蓄电池的电量不足以保持足够的喷射力。

（3）喷洗位置检查　喷洗位置检查主要是看喷洗位置是否在刮水器的工作区域内，即大致在刮水器的刮水范围中间，如图 2-2-12 所示。

图 2-2-10　清洗液液位标志

图 2-2-11　补足清洗液　　　　图 2-2-12　喷洗区域

二、电动刮水器

1. 功用

电动刮水器的功用是通过驱动装置带动一个或两个以上的橡胶刷，以除去挡风玻璃上的雨、雪或污物，以保证车辆行驶过程中的良好视野。如图 2-2-13 所示。

2. 操作方式

刮水器操作前需点火开关打到"ON"挡，另外为了防止划破挡风玻璃和损坏刮水器胶条，在使用刮水器前，要喷射清洗液或确保挡风玻璃表面浸湿（如雨天）。

刮水器通常有点动（1x）、间歇（INT）、低速（LO）、高速（HI）四个挡位可供选用，如图 2-2-14 所示。

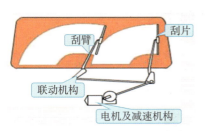 

图 2-2-13　电动刮水器结构示意图　　图 2-2-14　刮水器控制杆

间歇挡：刮水器低速间歇式工作，对于一些型号的刮水器其间歇时间可以调节，如图 2-2-15 中 1 所示，当刮水器杆在间歇位置上时，"INS"环可用来调节刮扫的时间间隔，将环向上转动，减少刮拭间隔时间，反之则增加间隔时间。另外部分刮水器带有雨量传感器，如图 2-2-15（b）所示，间隙挡"AUTO"环可以调节传感器灵敏度，将环向上转动，系统对湿度的灵敏度增大，反之则减小。

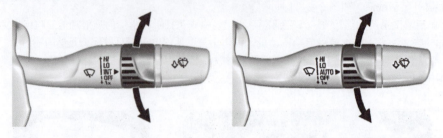

（a）不带雨量传感器　　　　　　（b）带雨量传感器

图 2-2-15　间隙挡调整

低速挡（LO）：刮水器低速连续工作。
高速挡（HI）：刮水器高速连续工作。
点动挡（1x）：把控制杆下推，松开后会回到 OFF 挡，刮水器点动工作一次。
关闭（OFF）：刮水器回位。

一、操作条件

① 设备：汽车。
② 工具：防护三件套、挡块。

二、安全及注意事项

① 在操作之前必须先安装车轮挡块。
② 进入车内前必须先铺设防护三件套，并确认手刹已拉起。
③ 对所使用的纸质维修手册、车辆、工具要及时规整复位，并对场地进行 5S 工作。

三、操作过程

序号	操作步骤	图解	操作方法及操作标准
1	准备工作		【操作方法】 （1）安装车轮挡块； （2）打开车门确认已在驻车挡位； （3）安装排气烟道； （4）铺设车内和车外防护三件套 【操作标准】 进车之前确认安全
2	检查储水箱清洗液		【操作方法】 检查储水箱内清洗液液位 【操作标准】 确认液位位置在范围之内

续表

序号	操作步骤	图解	操作方法及操作标准
3	检查喷洗器功能		【操作方法】 （1）收起车外防护三件套，关闭发动机舱盖； （2）检查喷洗器清洗液喷射功能及刮水器的联动功能； （3）检查刮水器停止情况 【操作标准】 喷洗器喷射清洗液时，刮水器应联动； 喷洗器喷射区域应在图示范围以内，有一定喷射压力； 停止喷射时，刮水器应同时停止并回位
4	检查刮水器功能		【操作方法】 （1）检查刮水器在各挡位下工作是否正常； （2）检查刮水器刮拭效果； （3）检查刮水器回位功能 【操作标准】 刮水器各挡位应能正常工作； 刮水器刮拭后应无条纹式水痕或刮拭不彻底现象； 开关停止时刮水器应回到原位
5	工位复原		【操作方法】 （1）熄火并移除车内三件套； （2）移除车轮挡块； （3）工位清洁 【操作标准】 严格执行5S操作

【问题情境一】喷洗器储水箱内的清洗液不够时能不能直接添加自来水？

解决途径：风窗清洗液的功能包括清洗、防雾、防冻、抗静电、润滑。普通自来水中含有较多杂质，长时间使用会导致杂质依附在管路中，影响正常喷水，同时还有清洗不彻底、玻璃和刮水器之前摩擦增大的问题。

【问题情境二】喷洗器喷射位置不正常时应如何调整？

解决途径：如喷射位置异常，可在喷嘴内插入一根与喷洗器喷孔相匹配的钢丝，来调整喷洒方向，如图2-2-16所示。

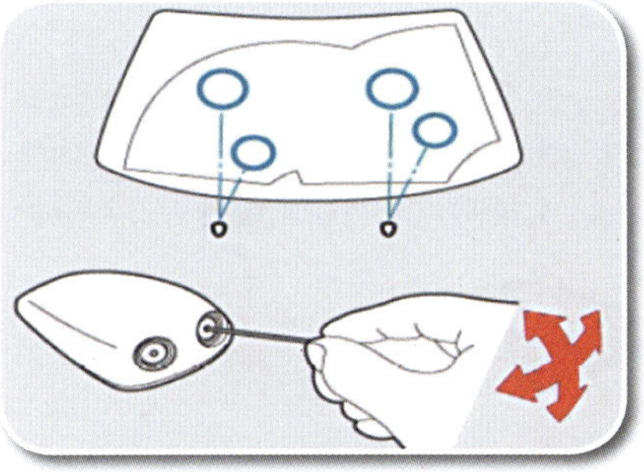

图2-2-16 喷洗器喷孔位置

四、学习结果评价

请根据表2-2-2，完成学习结果的自我评价。

表2-2-2 自我评价表

序号	评价内容	评价标准	评价结果（是/否）
1	知识与技能	能找到各种调整开关	□是 □否
		能正确检查喷洗器功能	□是 □否
		能正确检查刮水器功能	□是 □否
2	安全与5S	能对场地进行安全检查	□是 □否
		能做好工位防护	□是 □否
		能做好安全防护	□是 □否
		能遵守场地日常安全条例	□是 □否
		能使用工具、工位进行整理、复位、清扫	□是 □否
3	总评	能够满足下一步内容学习	□是 □否

笔记

 课后作业

1. 请在作业1图中画出喷射正常的区域。
2. 刮片磨损后对车辆会有什么影响？

作业1图

任务三　喇叭、音响系统检查与维护

 学习目标

1. 了解汽车喇叭的组成及原理。
2. 能对汽车喇叭进行常规维护检查。
3. 了解汽车音响的组成部分及功能。
4. 能对汽车音响系统进行日常维护。

 核心概念

汽车喇叭：喇叭是汽车的音响信号装置。
汽车音响：汽车音响（auto audio）为减轻驾驶员和乘员旅行中的枯燥感而设置的收放音装置。

 基本知识

一、汽车喇叭

喇叭是汽车的音响信号装置。在汽车的行驶过程中，驾驶员根据需要和规定发出必需的音响信号，警告行人和引起其他车辆注意，保证交通安全，同时还用于催行与传递信号。

1. 汽车喇叭结构原理

汽车电喇叭是靠金属膜片的振动从而发出声音。汽车电喇叭由铁芯、磁性线圈、触点、衔铁、膜片等组成。如图2-2-17所示，当司机按下喇叭开关时，电流经触点通过线圈，线圈产生磁力吸下衔铁，强制膜片移动，衔铁移动使触点断开，电流中断，线圈磁力消失，膜片在自身弹性和弹簧片作用下同衔铁

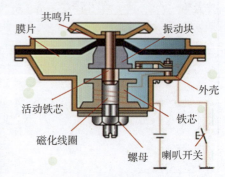

图2-2-17　汽车喇叭原理

喇叭各按压位置功能是不是正常、收音机各按钮是否正常能调节

一起恢复原位，触点闭合电路再次接通，电流通过触点流经线圈产生磁力，重复上述动作。如此反复循环膜片不断振动，从而发出音响。共鸣板与膜片刚性连接，可使振动平顺，发出声音更加悦耳（即电磁铁原理）。

2. 汽车喇叭的检查维护

① 按下喇叭，检查其音量、音质是否正常。
② 转动转向盘，同时在任意位置按下喇叭开关，听喇叭的音量、音质是否都正常。
③ 检查音量和音调是否稳定。

二、汽车音响系统

作为汽车的重要组成部分，汽车音响可以说是车主强有力的驾驶辅助工具，无论是每天放松、在公路上提神还是晚上听喜爱的收音机，都离不开汽车音响。

1. 汽车音响系统组成

汽车音响系统如图2-2-18所示，主要包括车窗天线线圈、扬声器、音响装置、遥控开关和高音喇叭5个部分组成。

① 车窗天线线圈：用于接收广播电台的发射电波，通过高频电缆向无线电调频装置传送信息。
② 扬声器：扬声器口径的大小和在车上安装的方法、位置是决定音响性能的重要因素，为欣赏立体声音响，车上至少要装2个扬声器。
③ 音响装置：用以调节声音（音乐）信号特性，让驾乘人员有舒适的听音效果。
④ 遥控开关：控制音响装置，方便驾驶人员控制音响及高音喇叭。
⑤ 高音喇叭：将电信号扩展为频率输出，提醒其他驾驶人或者行人注意本车通过。

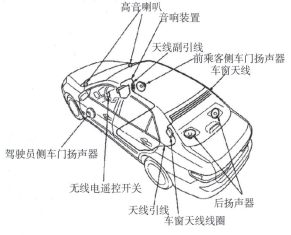

图 2-2-18　汽车音响系统

2. 音响系统的维护

由于汽车的运行环境十分恶劣，包括振动、高温、噪声、电磁波等都会干扰车内电子设备的正常工作，因此汽车专用的音响设备不论从设计还是工艺制造方面都要比家用音响严格。音响故障一般分为两类，一是使用不当，另外是来自环境的原因造成的，灰尘、高温、潮湿都是音响的"大敌"。

如何保养汽车音响，减少其故障，可从以下方面入手：
① 中控大屏需要定期清理灰尘，防止屏幕卡顿，触摸屏失效。
② 扬声器除尘。扬声器作为音响系统中的重要一环，是不能被忽视的。扬声器的格栅就是一个容易沉积灰尘的地方，由于扬声器在车内的安装位置一般都是不太显眼的位置，往往更容易被忽视。这些沉积多时的灰尘会使扬声器的音量降低，所以应留意进行清洁。
③ 音量不要开太大。在音响的日常使用当中，一定要避免突然将音量调到最大，因为这样做会使音响系统中的电流瞬间加大，可能会将扬声器的线圈烧毁。而且，突然加大音量，也会严重影响功放的使用寿命。
④ 防高温和潮湿。夏、秋季节的高温和潮湿也是影响汽车音响正常工作的因素。汽车音响多安装在仪表板的上部，为了避免太阳光的照射，使用遮阳板能取得较好效果。
⑤ 及时释放静电。在冬季里使用汽车音响更需要留意，因为冬季本身气候干燥，在车内开启暖风会造成环境更加干燥，从而容易发生静电。而静电的瞬间电流足以把音响主机损坏，所以在使用CD播放机时，最好先摸一下车上的其他金属物件释放静电，然后再接触音响主机。在把CD唱盘放进主机时，尽量要轻柔地慢慢将盘推进去，而且最好不要过于频繁地换盘。

一、操作条件

① 设备：汽车整车。
② 工具：车内三件套。

二、安全及注意事项

① 将电池从汽车上拆卸下来时，需注意正负极拆卸顺序，先拆负极再拆正极。
② 使用高功率放电计测试电池端电压时，负载电流应按出厂规定。
③ 观察免维护蓄电池观察孔时，需要避免振动与晃动。
④ 安装蓄电池时应先连接正极，再连接负极，避免操作失误造成短路。

三、操作过程

序号	操作步骤	图解	操作方法及操作标准
1	铺设二件套		【操作方法】 关闭点火开关，铺设车内三件套 【操作标准】 执行车辆防护
2	汽车喇叭的检查		【操作方法】 静态测试，按下喇叭开关，喇叭按钮是否能正常工作，检查其音量、音质是否正常 【操作标准】 按键反馈应良好，声音应清脆响亮
			【操作方法】 转动转向盘接近一周的同时，按动喇叭按钮，检查在各不同转向盘位置上，喇叭按钮是否能正常工作，检查其音量、音质是否正常 【操作标准】 按键反馈良好，声音清脆响亮
3	汽车收音机检查		【操作方法】 打开中控屏幕选择收音机模式 【操作标准】 屏幕触控应流畅，按键反馈应良好
			【操作方法】 选择收音调频并调节声音大小 【操作标准】 能够收听不同频道，音量调节可靠，响度正常
4	汽车外接设备连接		【操作方法】 通过蓝牙、AUX、USB等设备连接汽车音响播放音频 【操作标准】 连接设备能正常播放

续表

序号	操作步骤	图解	操作方法及操作标准
5	5S管理	最上层：漏斗、玻璃水、机油（4L） 第一层：空滤、手套（半胶、棉线各一副） 第二层：举升垫块、清洁布（2块）、 第三层：车轮挡板	【操作方法】 拆卸三件套，整理工位 【操作标准】 场地整洁

【问题情境】当汽车喇叭声音明显异常时可能是什么原因？

解决途径：根据喇叭的结构及工作原理进行分析。

四、学习结果评价

请根据表2-2-3，完成学习结果的自我评价。

表2-2-3 自我评价表

序号	评价内容	评价标准	评价结果（是/否）
1	知识与技能	理解汽车喇叭的结构及工作原理	□是 □否
		能对汽车喇叭进行日常维护	□是 □否
		能理解汽车音响的组成部分及功能	□是 □否
		能对汽车音响系统进行日常维护	□是 □否
2	安全与5S	能对场地进行安全检查	□是 □否
		能做好车内防护工作	□是 □否
		能做好安全防护	□是 □否
		能遵守场地日常安全条例	□是 □否
		能使用工具、工位进行整理、复位、清扫	□是 □否
3	总评	能够满足下一步内容学习	□是 □否

部分汽车仍有CD碟片音响播放方式，如作业图所示针对这类车型，汽车音响系统的维护需要注意哪些内容呢？

作业图

项目三　电池检测与维护

任务一　免维护蓄电池检查

1. 了解汽车免维护蓄电池的基本知识。
2. 能对免维护电池进行检查和维护。

免维护蓄电池：在规定的使用条件下，使用期间不需要进行维护的蓄电池。
免维护蓄电池指示器：可以通过颜色快速指示其电量的密度计。
高率放电计：用于检测蓄电池状态的检测仪器。

一、免维护蓄电池的结构特点

免维护蓄电池是指在规定的使用条件下，使用期间不需要进行维护的蓄电池，对于车用铅蓄电池来讲，也就是使用期间不需要经常添加蒸馏水的蓄电池。免维护蓄电池结构如图2-3-1所示。

免维护蓄电池在汽车充电系统正常情况下，不需从车上拆下进行补充充电，使用方便。目前，在汽车上已得到了广泛的使用。

从结构上来看，为了更有效地避免水分损失，在壳体上部通气孔设有安全装置收集水蒸气和硫酸蒸气的集气室，待其冷却后变成液体重新流回电解液内。通气孔中装有催化剂，可使氢气与氧气合成为水蒸气，冷却后再返回电解液内。

为了便于检查电解液密度，了解存电情况，在其内部设有温度补偿式密度计。密度计的指示器可用不同颜色指示蓄电池的存电情况和电解液液面高低。内装密度计免维护蓄电池的指示装置如图2-3-2所示。

电解液密度正常时，小绿球浮到顶端，指示器显示绿色，表示蓄电池电充足；当指示器显示黑色，表示电解液密度低于标准值，应进行补充充电；指示器显示白色，则说明蓄电池电解液不足。应查找电解液不足的原因，液面过低很可能是外壳破裂或有外漏现象。

因此，为了提高其使用性能、延长使用寿命，对于免维护蓄电池也应注意日常检查和维护。

图2-3-1　免维护蓄电池结构

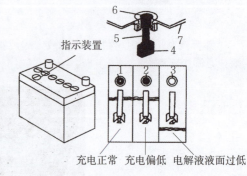

图2-3-2　内装密度计免维护蓄电池的指示装置
1-绿色；2-黑色；3-白色；4-绿球；
5-透明塑料棒；6-视液窗；7-蓄电池顶盖

检查蓄电池两个极柱螺母安装是否牢固

二、免维护蓄电池日常维护

① 蓄电池储存超过三个月需进行一次补充电,对于使用过程中因各种原因造成的亏电蓄电池,应及时进行充电,以防止蓄电池硫酸盐化造成的性能下降。
② 经常检查蓄电池上盖的排气孔,切勿被灰尘、冰水等堵塞,以防壳体变形、炸裂。
③ 蓄电池长时间不使用时,蓄电池应充足电再存放,否则会影响蓄电池的使用寿命。
④ 蓄电池充电结束时,请先关闭充电机电源,再去掉充电机与蓄电池连接线,谨防炸裂伤人。
⑤ 蓄电池端子烧损后不得再继续使用。
⑥ 免维护蓄电池在使用过程中无需加水,因此推荐恒压充电,尽量避免恒流充电。

三、免维护蓄电池充放电测试

1. 测量前的准备

将蓄电池充足电,以高率放电计作为可调负载,接在蓄电池正负极之间,负载电流调至规定值,持续放电15s。高率放电计如图2-3-3所示。

2. 测量判断

测量蓄电池端电压,若端电压高于9.6V,表明蓄电池技术状况良好,可充电后继续使用;若端电压低于9.6V,表明蓄电池技术状况变坏,不能继续使用。

3. 必须注意的问题

测量蓄电池端电压时的负载电流应按出厂规定。

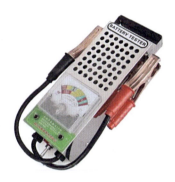

图 2-3-3 高率放电计

四、免维护蓄电池的优点

① 不需添加任何液体;
② 对接线桩头、电线腐蚀少;
③ 抗过充电能力强;
④ 启动电流大;
⑤ 电量储存时间长。

一、操作条件

① 设备:车辆免维护蓄电池。
② 工具:高率放电计、万用表。

二、安全及注意事项

① 将电池从汽车上拆卸下来时,需注意正负极拆卸顺序,先拆负极再拆正极。
② 使用高率放电计测试电池端电压时,负载电流应按出厂规定。
③ 观察免维护蓄电池观察孔时,需要避免振动与晃动。
④ 安装蓄电池时应先连接正极,再连接负极,避免操作失误造成短路。

三、操作过程

序号	操作步骤	图解	操作方法及操作标准
1	拆卸电池		【操作方法】 关闭点火开关,断开蓄电池负极,再断开蓄电池正极,取下蓄电池 【操作标准】 先断负极,再断正极,避免短路

续表

序号	操作步骤	图解	操作方法及操作标准
2	外观检查		【操作方法】检查蓄电池外壳有无破损、鼓包，极柱有无有腐蚀、松动 【操作标准】如外观有损坏严重则需要更换蓄电池
3	观察孔检查		【操作方法】放置蓄电池，找到观察孔，观察颜色，绿色为正常、黑色为需要充电、白色需更换电池 【操作标准】垂直观察孔内颜色
4	静态电压测试		【操作方法】（1）万用表调至DC挡，测量蓄电池静态电压。电压应在12V左右。正确使用万用表。（2）将蓄电池两极柱分别接到放电计的卡夹上，加300 A的负荷电流15s。正确使用放电计。（3）测量蓄电池端电压，若端电压高于9.6V，表明蓄电池技术状况良好，可充电后继续使用；若端电压低于9.6V，表明蓄电池技术状况变坏，不能继续使用。（4）把试验时读出的蓄电池电压值与其要求进行比较，若低于最低标准，应更换蓄电池
5	5S工作		【操作方法】整理工位 【操作标准】5S管理要求

【问题情境】汽车长时间不使用的情况下，需要对电池做哪些维护？

解决途径：剖析汽车的常规保养项目，根据免维护蓄电池的结构特点分析。

四、学习结果评价

请根据表2-3-1，完成学习结果的自我评价。

表2-3-1　自我评价表

序号	评价内容	评价标准	评价结果（是/否）
1	知识与技能	能理解免维护蓄电池的结构	□是　□否
		能进行观察孔颜色的读取	□是　□否
		能理解观察孔颜色的含义	□是　□否
		能对免维护蓄电池进行充放电测试	□是　□否
		能完成免维护蓄电池的日常维护	□是　□否

续表

序号	评价内容	评价标准	评价结果（是/否）
2	安全与5S	能对场地进行安全检查	□是 □否
		能安全拆装蓄电池	□是 □否
		能做好安全防护	□是 □否
		能遵守场地日常安全条例	□是 □否
		能使用工具、工位进行整理、复位、清扫	□是 □否
3	总评	能够满足下一步内容学习	□是 □否

课后作业

请通过课外学习，如作业图所示，指出该电池主要参数指标的含义。

6— _____
Q— _____
W— _____
60— _____
550— _____
60AH— _____

6-QW-60（550） 12V 60AH

作业图

任务二　可维护蓄电池检查

学习目标

1. 能理解蓄电池的标注含义。
2. 能测量蓄电池放电电压、开路电压。
3. 能检查蓄电池的外观及极柱状况。

核心概念

汽车蓄电池：蓄电池是一种储存与释放电能的装置。当连接外部负载或接通充电电路，蓄电池便进行能量转换，即放电和充电。

蓄电池放电：蓄电池内部的化学能转化为电能供给汽车用电设备。

蓄电池充电：在电源力的作用下，电流从蓄电池的正极流入，负极流出，蓄电池内部发生的电化学反应将电能转化成化学能储存。

一、汽车蓄电池的作用

① 启动发动机时，蓄电池能为启动系统提供强大的启动电流（一般为100 A以上），并向其他相关用电设备供电，见表2-3-2。
② 当发电机电压高于蓄电池电压时，发电机向蓄电池充电，此时蓄电池将电能转换成化学能储存起来。
③ 当发电机电压低于蓄电池电压时，蓄电池向用电设备供电，并为发电机磁场线圈供电。
④ 当用电设备较多，蓄电池协助发电机向用电设备供电，如图2-3-4所示。
⑤ 稳定汽车电气系统的电压，保护电子设备。蓄电池相当于一个大容量的电容器，它能稳定汽车电气系统的电压，以免击穿损坏电子元件。

表 2-3-2 汽车蓄电池的功用

车辆使用情形	功用
发动机启动时	电池向发动机和点火系统供电
发动机在低速（如怠速）运转时	电池和发电机同时向用电设备供电
发动机中、高速运转时	电池将多余的电能储存起来
发电机过载时	电池和发电机同时向用电设备供电

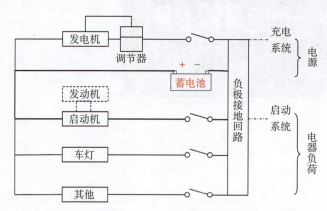

图 2-3-4 汽车蓄电池结构

二、蓄电池的基本结构

蓄电池主要由极板、隔板、外壳、电解液等组成，如图2-3-5所示。盛装有电解液，插入多个用隔板隔开的正负极组便成为单体电池。每个单体电池的标称电压为2V，将6个或12个单体电池串联后便成为一只12V或24V蓄电池总成。

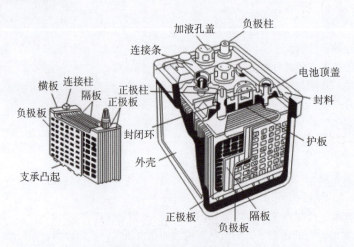

图 2-3-5 汽车蓄电池结构

三、蓄电池的型号

1. 蓄电池型号的规定

我国蓄电池的型号按《铅酸蓄电池产品型号编制方法》（JB/T2599—2012）规定，其型号的组成部分及含义见表2-3-3。

Ⅰ——串联的单格电池数，用阿拉伯数字表示。

Ⅱ——蓄电池的类型和特征，用汉语拼音字母表示。一般第一个字母用Q，表示启动型蓄电池；其他字母表示蓄电池的特征，如A——干荷电铅蓄电池，W——免维护蓄电池。

Ⅲ——蓄电池的额定容量，用阿拉伯数字表示，不带单位。

表 2-3-3 蓄电池的型号说明

Ⅰ（第一部分）	Ⅱ（第二部分）		Ⅲ（第三部分）	
串联的单格电池数	蓄电池的类型	蓄电池的特征	蓄电池的额定容量	蓄电池的特殊性能
3：6V 6：12V	Q：启动用铅蓄电池 N：内燃机车用蓄电池 M：摩托车用蓄电池	A：干荷电铅蓄电池 H：湿荷电铅蓄电池 W：免维护铅蓄电池 B：薄型极板 无字母：普通铅蓄电池	20h 放电率的额定容量，单位为 A·h，单位略去不写	G：高启动率 D：低温性能好 S：塑料槽蓄电池

2. 蓄电池型号示例

① 6-Q-90 型蓄电池，表示由6个单格电池组成，额定电压为12V，额定容量为90A·h的启动型蓄电池。

② 6-QA-90 型蓄电池，表示由6个单格电池组成，额定电压为12V，额定容量为90A·h的启动型干荷电蓄电池。

③ 6-QW-90 型蓄电池，表示由6个单格电池组成，额定电压为12V，额定容量为90A·h的启动型免维护蓄电池。

四、蓄电池的工作原理

蓄电池的充、放电过程就是化学能与电能的相互转化过程，如图2-3-6所示。

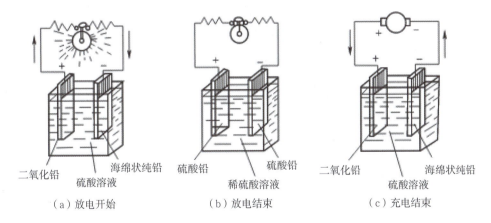

（a）放电开始　　　（b）放电结束　　　（c）充电结束

图 2-3-6　化学能与电能的相互转化过程

蓄电池极板上的活性物质和电解液之间发生的电化学反应是可逆的，所以蓄电池是一种可逆的电源。

1. 蓄电池放电

放电过程：当接通电路时，在电位差作用下，电流从正极流出，经过灯泡流回负极。

放电时的化学方程式：$PbO_2 + Pb + 2H_2SO_4 \rightleftharpoons 2PbSO_4 + 2H_2O$

在放电过程中，极板上活性物质与电解液反应生成硫酸铅和水，电解液中的 H_2SO_4（硫酸）被消耗，而 H_2O（水）增多，电解液密度逐渐下降，随着蓄电池放电，电解液密度下降，蓄电池电压降低，内阻增大，容量减小，蓄电池内部的化学能转化为电能供给汽车用电设备。如图2-3-7所示。

蓄电池放电终了的特征如下：

① 单格电压降到放电终止电压。

② 电解液密度降到最小许可值。

2. 蓄电池充电

若将直流电源正负极分别连接蓄电池的正负极，当直流电源的电压高于蓄电池电压时，在电源力的作用下，电流从蓄电池的正极流入，负极流出，蓄电池内部发生的电化学反应将电能转化成化学能储存。如图 2-3-8 所示。

放电时的化学方程式：$PbO_2 + Pb + 2H_2SO_4 \Longrightarrow 2PbSO_4 + 2H_2O$

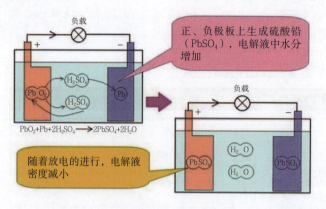

图 2-3-7 蓄电池放电过程

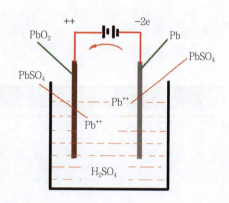

图 2-3-8 蓄电池充电过程

蓄电池充电终了的特征如下：
① 电解液中有大量气泡冒出，呈沸腾状态。
② 蓄电池电压和电解液的密度均上升至最大值（单格电压达到 2.7 V），且在 2～3 h 内保持不变。

五、蓄电池的常见故障

1. 极板硫化

极板（图 2-3-9）是蓄电池的核心部分，蓄电池充、放电过程中，电能和化学能的相互转换，就是依靠极板上活性物质和电解液中硫酸的化学反应来实现的。极板由栅架和活性物质组成。正极板上的活性物质是深棕色二氧化铅（PbO_2），负极板上的活性物质是青灰色海绵状纯铅（Pb）。

故障特征：蓄电池极板上生成一层白色粗晶粒的 $PbSO_4$，在

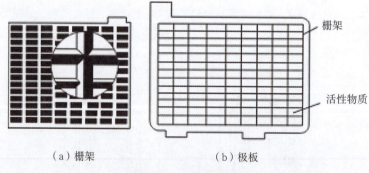

图 2-3-9 蓄电池极板

正常充电时不能转化为 PbO_2 和 Pb 的现象。硫化的电池放电时，电压急剧降低，电池容量减小。蓄电池充电时单格电压上升过快，电解液温度迅速升高，但密度增加缓慢，过早产生气泡，甚至一充电就有气泡。

故障原因：
① 蓄电池长期充电不足或放电后没有及时充电。
② 蓄电池电解液液面过低，使极板上部与空气接触而被氧化，在汽车行驶过程中，电解液上下波动与极板的氧化部分接触，会生成大晶粒 $PbSO_4$ 硬化层，使极板上部硫化。
③ 长期过量放电或小电流深度放电，使极板深处活性物质的孔隙内生成 $PbSO_4$，平时充电不易恢复。
④ 新蓄电池初充电不彻底，活性物质未得到充分还原。
⑤ 电解液密度过高、成分不纯，外部气温变化剧烈。

排除方法：轻度硫化的蓄电池，可用小电流长时间充电的方法予以排除；硫化较严重者采用去硫化充电方法消除硫化；硫化特别严重的蓄电池应报废。

2. 活性物质脱落

故障特征：主要指正极板上的活性物质 PbO_2 的脱落。蓄电池容量减小，充电时从加液孔中可看到有褐色物质，电解液浑浊。

故障原因：
① 蓄电池经常过充电，极板孔隙中逸出大量气体，在极板孔隙中造成压力，使活性物质脱落。
② 低温大电流放电，密度过高，会导致活性物质脱落。
③ 汽车行驶中的颠簸振动。
排除方法：对于活性物质脱落的铅蓄电池，若沉积物较少时，可清除后继续使用；若沉积物较多时，应更换新极板和电解液。

3. 极板短路

故障特征：蓄电池正、负极板直接接触或被其他导电物质搭接称为极板短路。极板短路的蓄电池充电时充电电压很低或为零，电解液浓度迅速升高，密度上升很慢，充电末期气泡很少。
故障原因：
① 隔板破损使正、负极板直接接触。
② 活性物质大量脱落，沉积后将正、负极板连通。
③ 极板组弯曲。
④ 导电物体落入池内。
排除方法：出现极板短路时，必须将蓄电池拆开检查。更换破损的隔板，消除沉积的活性物质，校正或更换弯曲的极板组等。

4. 自放电

故障特征：蓄电池在无负载的状态下，电量自动消失的现象称为自放电。如果充足电的蓄电池在30天之内每昼夜容量降低超过2%，称为故障性自放电。
故障原因：
① 电解液不纯，杂质与极板之间以及沉附于极板上的不同杂质之间形成电位差，通过电解液产生局部放电。
② 蓄电池长期存放，硫酸下沉，下部密度比上部密度大，使极板上、下部产生电位差引起自放电。
③ 蓄电池溢出的电解液堆积在电池盖表面，使正、负极柱连通。
④ 极板活性物质脱落，下部沉积物过多使极板短路。

一、操作条件

① 设备：教学用车一辆、车外三件套。
② 工具：万用表、电解液密度检测仪、高率放电计。

二、安全及注意事项

① 从汽车上拆卸蓄电池时，应先拆搭铁电缆，后拆正极电缆。拆卸时，若发现蓄电池接线柱锈蚀难以取出，切莫用锤子或钳子敲打，以免极柱断裂。
② 往车上安装蓄电池时，应注意区分正负极，保证负极搭铁。应先接启动电缆，再接搭铁电缆。
③ 对所使用的纸质维修手册、电脑、车辆要及时规整复位，并对场地进行5S工作。

三、操作过程

序号	操作步骤	图解	操作方法及操作标准
1	准备工作		【操作方法】 （1）安装翼子板布及前栅格布； （2）安装车轮挡块 【操作标准】 翼子板布和前栅格布应居中放置，与车身接触的一侧必须无油污，车轮挡块必须紧靠车轮安装

续表

序号	操作步骤	图解	操作方法及操作标准
2	拆卸蓄电池	拆下蓄电池电缆 取出蓄电池	【操作方法】 （1）关闭点火开关； （2）先拆下蓄电池的负极电缆，再拆下蓄电池的正极电缆； （3）拆下蓄电池压板； （4）从支架中取出蓄电池 【操作标准】 确保电池线缆完全松开，在拆卸时注意安全
3	检查蓄电池极柱是否有腐蚀		【操作方法】 借助手电筒检查蓄电池极柱 【操作标准】 蓄电池极柱应无腐蚀，无异物，无油污
4	检查蓄电池外壳		【操作方法】 借助手电筒，佩戴棉纱手套检查蓄电池外壳 【操作标准】 蓄电池外壳应该无裂纹，无异物，无泄漏
5	用高率放电计检查蓄电池端电压	高率放电计 蓄电池	【操作方法】 （1）关闭点火开关； （2）拆下蓄电池电缆； （3）清洁蓄电池极柱； （4）使用高率放电计来测量蓄电池两极柱间电压，测试时间为 5～10s； （5）装上蓄电池电缆 【操作标准】 负载电流为 110 A 时，最小电压不得低于 9.6 V。如果蓄电池电压低于规定的数值，则需对蓄电池进行补充充电，或更换蓄电池

续表

序号	操作步骤	图解	操作方法及操作标准
6	检查蓄电池电解液密度	电解液密度测量	【操作方法】 （1）关闭点火开关； （2）拆下蓄电池负极电缆； （3）使用电解液密度计测量电解液密度； （4）装上蓄电池负极电缆 【操作标准】 各单格电池中电解液密度偏差不超过 $0.02\ g/cm^3$。如果电解液密度低，需要对蓄电池进行补充充电。如果一个或两个相邻单格电池的电解液密度明显下降，则说明蓄电池有短路故障，应更换蓄电池
7	用万用表测量蓄电池的开路电压		【操作方法】 （1）关闭点火开关； （2）将万用表调至电压挡； （3）将红表笔接蓄电池正极，黑表笔接负极，读取指示电压值 【操作标准】 正常电压在12V左右
8	安装蓄电池	在电缆夹上涂耐酸油脂 连接蓄电池电缆	【操作方法】 （1）将蓄电池放入支架内； （2）装上蓄电池压板； （3）安装电缆前，在电缆夹上涂少量的耐酸油脂； （4）先连接蓄电池正极电缆，然后连接蓄电池负极电缆 【操作标准】 确保蓄电池正负线缆连接牢固
9	5S工作		【操作方法】 整理、整顿、清洁、清扫、素养 【操作标准】 车身上凡是作业过程中接触的部位均应用抹布擦拭干净，所有工具、物品必须归位，地面用拖把擦拭干净

用万用表检查蓄电池电压

【问题情境一】在拆卸蓄电池时，为什么要先拆卸负极？

解决途径：当负极端子不再与底盘接触时，正极端子就可以轻松移除。

【问题情境二】 如图2-3-10所示的蓄电池,以3.5A电流工作,可以工作20 h,则以7A电流工作,可以工作几小时?

解决途径:根据蓄电池的特性,考虑电池内阻等原因。

图2-3-10 汽车蓄电池

四、学习结果评价

请根据表2-3-4,完成学习结果的自我评价。

表2-3-4 自我评价表

序号	评价内容	评价标准	评价结果(是/否)
1	知识与技能	能理解蓄电池的标注含义	□是 □否
		能识别蓄电池的正负极	□是 □否
		能进行蓄电池的拆装	□是 □否
		能测量蓄电池的放电电压	□是 □否
		能测量蓄电池的开路电压	□是 □否
		能检查蓄电池的外观及极柱状况	□是 □否
2	安全与5S	能对场地进行安全检查	□是 □否
		能安全拆卸蓄电池	□是 □否
		能做好安全防护	□是 □否
		能遵守场地日常安全条例	□是 □否
		能使用工具、工位进行整理、复位、清扫	□是 □否
3	总评	能够满足下一步内容学习	□是 □否

课后作业

1. 如作业1图所示,请说出蓄电池上标注的含义。
2. 查阅丰田卡罗拉维修手册,整理蓄电池的拆卸步骤。

作业1图

项目四　照明系统检查与维护

任务一　仪表灯检查与维护

1. 掌握汽车内部仪表警告灯及灯光控制开关检查的方法。
2. 掌握仪表信号及常见信号指示灯的含义。
3. 能检查仪表灯的点亮情况。

仪表信号及照明：在点火开关接通时各仪表指示灯点亮并按设定熄灭，用以提示驾驶人车辆的相关系统工作状态。

汽车组合仪表：由指针式仪表和指示灯、信号灯、报警灯、发动机转速表、车速里程表、燃油量表、冷却液温度表、机油压力表、充电指示灯、驻车制动灯以及挡位指示灯等组成，如图2-4-1所示。

图2-4-1　宝马组合仪表

1-车速表；2-转向信号灯的指示灯；3-指示灯和报警灯；4-自适应巡航控制显示；5-转速表；6-能量控制；7-显示屏幕，用于显示（时钟，车外温度，指示灯和报警灯）；8-显示用于（自动变速器挡位，车载电脑，保养需求日期和剩余的行驶里程，里程表和里程分表，轮胎失压显示初始化，发动机机油液位检查，设置和信息）；9-燃油表；10-里程分表复位

一、汽车仪表盘图标的作用

在组合仪表上，有各类信号指示灯。在点火开关接通时各仪表指示灯点亮并按设定熄灭，用以提示驾驶人车辆的相关系统工作，汽车组合仪表盘上有许多仪表指示灯，用相应的图表符号来表示，具体作用见表2-4-1。每个图表符号均代表不同的含义，作为汽车驾驶维修人员必须十分熟悉其中的含义，以确保车辆的安全行驶和正确维修。需要注意的是车型不同，组合仪表盘上的仪表指示灯的数量和布置位置有所不同，应注意区别。

仪表，安全带、手制动灯、转向灯的亮灭

笔记

表 2-4-1 仪表盘图标作用

图标	作用
手刹指示灯 驻车指示灯	驻车制动手柄（即手刹）拉起时，此灯点亮。手刹被放下时，该指示灯自动熄灭。在有的车型上，刹车液不足时此灯会亮
电瓶指示灯	显示蓄电池工作状态的指示灯。接通电门后亮起，发动机启动后熄灭。如果不亮或一直亮不灭应立即检查发电机及电路
刹车盘指示灯	显示刹车盘片磨损情况的指示灯。正常情况下此灯熄灭，点亮时提示车主应及时更换故障或磨损过度的刹车片，修复后熄灭
机油指示灯	显示发动机机油压力的指示灯，本灯亮起时表示润滑系统失去压力，可能有渗漏，此时需立即停车关闭发动机进行检查
水温指示灯	显示发动机冷却液温度过高的指示灯，此灯点亮报警时，应即时停车并关闭发动机，待冷却至正常温度后再继续行驶
安全气囊指示灯	显示安全气囊工作状态的指示灯，接通电门后点亮，约3～4s后熄灭，表示系统正常，不亮或长亮表示系统存在故障
ABS 指示灯	接通电门后点亮，约3～4s后熄灭，表示系统正常。不亮或长亮则表示系统故障，此时可以继续低速行驶，但应避免急刹车
发动机自检灯	发动机工作状态的指示灯，接通电门后点亮，约3～4s后熄灭，发动机正常。不亮或长亮表示发动机故障，需及时进行检修
燃油指示灯	提示燃油不足的指示灯，该灯亮起时，表示燃油即将耗尽，一般从该灯亮起到燃油耗尽之前，车辆还能行驶约50km左右
车门状态指示灯	显示车门是否完全关闭的指示灯，车门打开或未能关闭时，相应的指示灯亮起，提示车主车门未关好，车门关闭后熄灭
清洗液指示灯	显示风挡清洗液存量的指示灯，如果清洗液即将耗尽，该灯点亮，提示车主及时添加清洗液。添加清洁液后，指示灯熄灭

续表

图标	作用
电子油门指示灯	本灯多见于大众公司的车型中，车辆开始自检时，EPC灯会点亮数秒，随后熄灭，出现故障，本灯亮起，应及时进行检修
前后雾灯指示灯	该指示灯是用来显示前后雾灯的工作状况，前后雾灯接通时，两灯点亮，图中左侧的是前雾灯显示，右侧为后雾灯显示
转向指示灯	转向灯亮时，相应的转向灯按一定频率闪烁。按下双闪警示灯按键时，两灯同时亮起，转向灯熄灭后，指示灯自动熄灭
远光指示灯	显示大灯是否处于远光状态，通常的情况下该指示灯为熄灭状态。在远光灯接通和使用远光灯瞬间点亮功能时亮起
安全带指示灯	显示安全带状态的指示灯，按照车型不同，灯会亮起数秒进行提示，或者直到系好安全带才熄灭，有的车还会有声音提示
O/D挡指示灯	O/D挡指示灯用来显示自动挡的O/D挡（Over-Drive）超速挡的工作状态，当O/D挡指示灯闪亮，说明O/D挡已锁止
内循环指示灯	该指示灯是用来显示车辆空调系统的工作状态，平时为熄灭状态。当打开内循环按钮，车辆关闭外循环时，该指示灯自动点亮
示宽指示灯	示宽指示灯是用来显示车辆示宽灯的工作状态，平时为熄灭状态，当示宽灯打开时，该指示灯随即点亮
VSC指示灯	该指示灯是用来显示车辆VSC（电子车身稳定系统）的工作状态，多出现在日系车上。当该指示灯点亮时，说明VSC系统已被关闭
TCS指示灯	该指示灯是用来显示车辆TCS（牵引力控制系统）的工作状态，多出现在日系车上。当该指示灯点亮时，说明TCS系统已被关闭

二、指示灯、故障灯的具体控制信息及相关的应对方案

由于指示灯、故障灯的作用不同，在汽车运行过程中，其控制的信息和相关的应对方案也会有所区别，下面以宝马车的指示灯、故障灯为例说明指示灯、故障灯的具体控制信息及相关的应对方案，具体内容见表2-4-2。

表 2-4-2 故障灯的具体控制信息及相关的应对方案

固定指示灯	可变指示灯	检查控制信息	需要进行处理和相关说明
⬅➡		转向信号灯	
远光灯图标		开启：远光灯/灯光信号器	
前雾灯图标		开启：前雾灯	
后雾灯图标		开启：后雾灯	
	安全带图标	安全带未系提示	系安全带
制动图标	PARK(P)	手制动器被拉紧	松开驻车制动器
	冰面警示图标	冰面光滑的危险	控制显示屏上出现一条讯息。很有可能出现结冰现象，小心驾驶
	油箱图标	指示灯点亮时为：油箱中大约还有8L燃油，最大行驶距离50 km	尽快加油，否则可能会导致电子油泵损坏
	START	发动机不能启动	启动发动机时踩制动器或离合器
	! 图标	接通了点火装置并打开驾驶员侧的车门	关闭点火装置或驾驶员侧的车门
	示宽灯图标	接通了示宽灯	
	钥匙图标	遥控器损坏，或不匹配	确认钥匙是否损坏。或检查钥匙是否匹配
	电池钥匙图标	遥控器电量不足	更换遥控器电池
气囊图标	气囊图标	红灯：驾驶员侧和/或副驾驶员侧安全气囊损坏 黄灯：汽车后部的安全带拉紧装置和/或安全气囊系统损坏	安全气囊故障，尽快进店做相关检查
安全带气囊图标	安全带气囊图标	安全带拉紧装置和/或安全气囊系统故障	安全带拉紧装置或安全气囊故障，尽快进店做相关检查

续表

固定指示灯	可变指示灯	检查控制信息	需要进行处理和相关说明
⊙!	⊙!	主动转向装置故障	可以继续适当行驶。转向时要小心。请尽快进店做相关检查
		玻璃水液位极低	加玻璃水
		红灯：停车并关闭发动机	不能继续行驶，救援
		黄灯：发动机不可以满负荷运转	可以适当继续行驶，尽快进店做相关检查
		高负荷时发动机出现故障，增大发动机负荷会损坏催化器	可以适当继续行驶。尽快进店做相关检查
		发动机故障	尽快进店做相关检查
		指示灯为红灯：发动机过热 指示灯为黄灯：发动机过热	谨慎停车，关闭发动机，让它冷却。不要打开发动机舱盖，否则有烫伤的危险。使发动机冷却，可适当继续行驶，尽快进店做相关检查
		红灯： 发电机故障，汽车蓄电池不能充电	电池无法再充电。 请让最近的宝马服务机构检查，或救援
		黄灯：蓄电池剧烈放电、老化	尽快进店做相关检查
		红灯：可能发生故障有： 1.启动机故障 2.点火装置故障 3.信号灯设备故障	不能重新启动发动机，踩住脚制动器重新启动发动机，尽快进店做相关检查
		黄灯：可能发生的故障有： 1.制动信号灯的控制器故障 2.燃油供给系统出现故障 3.拖车联结器故障	可以适当继续行驶。 立即进店做相关检查
		红灯： 1.轮胎存在失压现象 2.轮胎失压显示没有初始化	小心停车。 立即进店做相关检查，或救援或更换备胎
		黄灯： 说明轮胎失压显示功能，发生故障或失灵	进行轮胎初始化设置，尽快进店做相关检查
		红灯： 激活了带有限制挡位选择的变速箱应急程序，该程序可能带有减小加速度的功能	可以适当继续行驶。换挡时必须一直踩住脚制动器。立即进店做相关检查

续表

固定指示灯	可变指示灯	检查控制信息	需要进行处理和相关说明
		黄灯： 自动换挡杆锁止，在发动机运行或接通点火装置和踩脚制动器的情况下，换挡杆被锁在 P 位置	解除选挡杆锁。 换挡时必须一直踩住脚制动器。离开车辆之前将换挡杆置于 P 位置并关闭发动机
		红灯： 变速器过热	停车并将换挡杆置于 P 挡。让变速器冷却。可以适当继续行驶，下次进店做相关检查
		黄灯： 变速器较热	避免发动机高负荷运行。 可以适当继续行驶
		换挡杆不可以设置 P 位置。 不能保证汽车能够防止自行移动	尽快进店做相关检查
		换挡杆不可以设置在 P 位置。 不可以关闭点火装置	如果需要关闭点火装置，将换挡杆设置在 P 位置
		红灯： 电子转向盘锁止装置出现故障	不能再启动发动机。 在一定情况下也不能关闭发动机
		黄灯： 电子转向盘锁止装置锁止	在启动发动机之前转动转向盘
		车窗开启装置的防夹功能出现故障	提醒顾客注意使用。 需进店做相关检查
		电控天窗的防夹功能出现故障	提醒顾客注意使用。 需进店做相关检查
		微尘滤清器故障	可以继续适当行驶。 保养时进行相关处理
		PDC 失效 驻车距离报警系统故障	该功能已失效，泊车时注意安全
		外部照明灯泡损坏	尽快进店做相关检查
		近光灯或雾灯故障	尽快进店做相关检查
		远光灯故障	尽快进店做相关检查
		后雾灯失效	尽快进店做相关检查
		冷却液液位极低	需尽快进店加注冷却液，并做相关检查
		发动机机油压力极低	停止驾驶，进行机油系统检修

续表

固定指示灯	可变指示灯	检查控制信息	需要进行处理和相关说明
		发动机机油液位极低	尽快加注发动机机油，约定服务时间，检查保养需求
		红灯： 超出服务期限 黄灯： 服务无效	约定服务时间。 检查保养需求
		服务有效	
		发动机转速太低	如果行驶状态允许，则选择较低的挡位
		发动机转速太高	如果行驶状态允许，则选择较高的挡位
		自适应弯道灯故障	
		超出设置的速度极限	
		时间和日期不再确定	时间和日期的调整
		闪烁：正常 DSC 调节驱动力和制动力	
		DSC 已停用	已关闭 DSC 功能，加速和转弯时的行驶稳定性受到限制
		DTC 已启用，DSC 受限	DTC 已启用，动态牵引力控制系统 DTC 可提高松软路面上的驱动力，但会降低行驶稳定性
		DSC 失灵，小心驾驶	DBC 失灵，紧急制动时无法通过 DBC 提供附加制动支持，小心驾驶，尽快进店做相关检查
		DSC /DTC/DBC 失灵	稳定控制功能和制动力放大功能不再起作用。 车辆保持常规方式行驶。 请尽快检查该系统
		行驶稳定性控制系统包括 ABS 失效	制动和行驶稳定性降低。尽量避免紧急制动。请立即进店进行相关检查作业
		制动和行驶控制系统失灵	小心驾驶，尽量避免紧急制动。请立即进店进行相关检查作业
		制动摩擦片，更换报警	制动摩擦片磨损。请立即进店进行相关检查作业

汽车维护与保养

续表

笔记

固定指示灯	可变指示灯	检查控制信息	需要进行处理和相关说明
ABS(!) BRAKE	(车辆图标)	电子系统故障 小心停车	中央车辆电子系统失灵，不能继续行驶。 道路救援或立即进店进行相关检查作业
ABS(!) BRAKE	(!)	制动液液位过低 小心停车	制动液液位过低，制动效果减弱，小心停车。 请立即进店进行相关检查作业
	ABS(!) BRAKE	制动器过热 进行冷却	制动器过热。因连续负荷过大达到临界温度。 有降低制动效果的危险，让制动器冷却下来。 必要时请停车
DTC	4×4	4×4 系统和 DSC 失灵	4×4 系统和 DSC 失灵。行驶稳定性受到限制，小心驾驶。 尽快进店做相关检查。
DTC	4×4!	4×4 系统损坏 小心驾驶	4×4 系统损坏行驶稳定性受到限制。 小心驾驶，尽快到售后服务站进行检查
ABS(!) BRAKE	(ABS) 4×4	4×4 系统、DSC 和 ABS 失灵	4×4 系统、DSC 和 ABS 失灵。 行驶稳定性受到限制。 小心驾驶，尽快进店做相关检查
ABS(!) BRAKE	(ABS) 4×4	4×4 系统、DSC、ABS 和紧急 EBV 失灵	4×4 系统、DSC、ABS 和紧急 EBV 失灵。 行驶稳定性受到限制。 小心驾驶。立即进店做相关检查

一、操作条件

① 设备：丰田卡罗拉教学用车、车外三件套、车内三件套。
② 工具：万用表、套筒组件。

二、安全及注意事项

① 在观察车辆动力电池时，需按规范操作举升机，并做必要的安全防护，不能盲目举车或进入车底。
② 对所使用的纸质维修手册、电脑、车辆或举升机要及时规整复位，并对场地进行5S工作。

三、操作过程

序号	操作步骤	图解	操作方法及操作标准
1	准备车辆	(车辆图片)	【操作方法】 （1）安装翼子板布及前栅格布； （2）安装车轮挡块； （3）安装车内三件套 【操作标准】 翼子板布和前栅格布应居中放置，与车身接触的一侧必须无油污，车轮挡块必须紧靠车轮安装

续表

序号	操作步骤	图解	操作方法及操作标准
2	检查蓄电池电压		【操作方法】 选择万用表直流电压挡，红表笔接蓄电池正极，黑表笔接蓄电池负极 【操作标准】 万用表显示电压 12V 左右为正常
3	检查仪表灯光		【操作方法】 将换挡杆置于 P 挡位置； 点火开关置于 ON 位置 【操作标准】 务必确保换挡杆在 P 位置，然后将点火开关置于 ON 挡
4	检查 SRS 警告灯		【操作方法】 将点火开关置于 ON 挡 【操作标准】 如系统无故障，SRS 警告灯在亮起几秒后就自动熄灭。如果 SRS 警告灯在点火开关至 ON 挡时或启动发动机时不亮，或者亮起后不熄灭，则说明系统有故障
5	检查安全带警告灯		【操作方法】 将点火开关置于 ON 挡 【操作标准】 没有佩戴驾驶席安全带，或者副驾驶席安全带，安全带警告灯根据车速来描述亮或闪烁，直到配好安全带。没有佩戴安全带时，当低于 6km/h 的速度，灯亮；当高于 9km/h 的速度，警告灯闪烁；当高于 20km/h 的速度，警告灯闪烁，并且蜂鸣器响
6	检查车门未关闭警告灯		【操作标准】 无论点火开关在何位置，车门没有完全关闭时，警告灯亮； 无论点火开关在何位置，车门没有完全关闭时，警告灯亮

汽车维护与保养

续表

序号	操作步骤	图解	操作方法及操作标准
7	检查发动机机油压力警告灯		【操作方法】 将点火开关置于ON挡 【操作标准】 检查该警告灯是否常亮，如常亮说明机油压力过低，应及时加机油。如果不缺少机油，该警告灯会自行熄灭
8	检查发动机故障警告灯		【操作方法】 将点火开关置于ON挡 【操作标准】 如果点火开关置于ON时警告灯不亮或者在行驶过程中警告灯亮，说明系统存在故障
9	检查ABS警告灯		【操作方法】 将点火开关置于ON挡 【操作标准】 该警告灯在点火开关置于ON挡时亮，如果系统正常，3s后熄灭，如果警告灯持续亮、在行驶中亮或在将点火开关转至ON挡不亮，表明ABS有故障
10	检查蓄电池警告灯		【操作方法】 将点火开关置于ON挡 【操作标准】 当点火开关在ON挡时，充电警告灯亮，当启动发动机以后，系统无故障时警告灯熄灭。如果充电系统在某处存在故障时，警告灯变亮
11	检查驻车制动警告灯		【操作方法】 点火开关在ON挡 【操作标准】 在拉上手刹后，制动警示灯就会亮。如果在没拉手刹的情况下，该灯亮起来了，则可能是制动液液位低于最小量位置，在故障解决前最好不要行驶

续表

序号	操作步骤	图解	操作方法及操作标准
12	检查发动机温度警告灯		【操作方法】 车辆启动或运行 【操作标准】 车辆发车后，该仪表应从60℃上升至90～105℃，如发现温度达到120℃或超过时，应立即检查并维修
13	检查燃油油位过低警告灯		【操作方法】 车辆启动或运行 【操作标准】 如果燃油箱内燃油量接近空时，该警告灯亮起，应尽快添加燃油

【问题情境一】小明家的车辆，每次在跑高速的时候都会出现故障并且显示发动机温度过高，请问下面哪个是该故障信号灯呢？仪表板指示灯如图2-4-2所示。

解决途径：首先要知道仪表板指示灯的含义，其次要知道信号灯亮起时所表示的意义。

图2-4-2 仪表板指示灯

【问题情境二】小明家的车存在漏机油现象，有一天仪表指示灯突然亮起，请问亮起的信号灯是哪个，当此信号灯亮起时，我们应该怎么做？

解决途径：首先要知道仪表板指示灯的含义，其次要知道信号灯亮起时所表示的意义以及相关解决方案。

四、学习结果评价

请根据表2-4-3，完成学习结果的自我评价。

表2-4-3 自我评价表

序号	评价内容	评价标准	评价结果（是/否）
1	知识与技能	能区分仪表板信号灯	□是 □否
		能掌握仪表板信号灯所表达含义	□是 □否
		能进行仪表板信号灯的检查	□是 □否
		能掌握仪表板信号灯亮起时的解决方案	□是 □否
		能根据所学内容解决车辆相关故障	□是 □否

笔记

续表

序号	评价内容	评价标准	评价结果（是/否）
2	安全与5S	能对场地进行安全检查	□是　□否
		能安全启动车辆	□是　□否
		能做好安全防护	□是　□否
		能遵守场地日常安全条例	□是　□否
		能使用工具、工位进行整理、复位、清扫	□是　□否
3	总评	能够满足下一步内容学习	□是　□否

课后作业

1. 请标记出作业1图哪个符号与车辆冷却系统有关。
2. 请看作业2图，图中警告灯亮起，请问可能的原因是什么（尽可能从多个角度分析）？

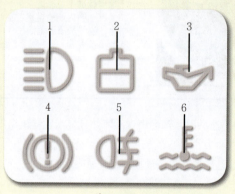

作业1图

作业2图

任务二　照明灯检查与维护

学习目标

1. 能掌握照明灯分类。
2. 能理解车内、车外照明灯功用。
3. 能正确检查车内、车外照明灯。

核心概念

汽车照明系统：是汽车安全行驶的必备系统之一。它主要分为车内照明系统和车外照明系统。

基本知识

一、照明系统的分类

① 车内照明灯：为了在夜间上下车方便安全及行驶时看地图等，在室内各部位安装了照明灯。车内照明灯主要有阅读灯、车厢灯、后备箱灯，有些车辆还有手套箱灯、烟灰缸灯等。

② 车外照明灯主要有前大灯、前后雾灯、倒车灯、牌照灯等。

大灯开关、转向灯、远近光切换开关的操作和光线的变化

二、车内照明灯的功用与检查

（一）车厢灯

1. 车厢灯功用

车厢灯位于前排或车厢中部的厢顶部，用于提高车内明亮度，方便乘员或驾驶员。需要使用车厢灯时，可将开关滑移。

车厢灯开关具有以下位置，如图2-4-3所示。

"ON"——全时间内，保持车厢灯在点亮状态；

"OFF"——将车厢灯熄掉；

"DOOR"——任何一扇车门打开时，车厢灯发亮。

所有的车门都关闭后，车厢灯熄灭，灯在熄灭之前都将点亮并保持约30s。

2. 车厢灯检查

主要检查各按钮控制功能是否正常以及灯泡是否正常点亮。对于门控灯（车门关联挡）的检查可把开关打到"DOOR"位置，点火开关打到"ON"位置，打开车门时车厢灯应点亮；关闭所有车门时车厢灯应熄灭。

（二）阅读灯

1. 阅读灯功用

阅读灯位于前排或后排乘员或驾驶员席上方，主要是提高车内明亮度，来方便乘员或驾驶员。按下相应的按键可打开或关闭阅读灯，如图2-4-4所示。

2. 阅读灯检查

主要检查各按钮控制功能是否正常，灯泡是否正常点亮。

图2-4-3 车厢灯开关

图2-4-4 阅读灯开关

（三）行李箱灯

1. 行李箱灯功用

行李箱灯位于后备箱内部的一侧，主要是提高行李箱的明亮度，方便驾驶员在晚间或光线不足的情况下存取物品。

2. 行李箱灯检查

打开行李箱时，此灯应点亮。通过按压按钮进行检查行李箱灯，如图2-4-5所示，按下时，行李箱灯应熄灭；不按时，应点亮。

图2-4-5 行李箱灯开关

三、车外照明灯功用与检查

（一）灯光组合开关

将灯光组合开关向上旋动"1"挡，如图 2-4-6 所示，示宽灯、仪表照明灯、尾灯、牌照灯应亮起，向上旋动"2"挡，前大灯和上述所有灯光都打开。

在能见度低的情况下，打开这些灯将起到警示作用，同时还能方便驾驶员看清仪表盘。

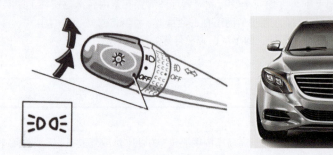

图 2-4-6　灯光组合开关

（二）前大灯

1. 前大灯功用

前大灯在夜间行车提高能见度，远近光切换可起到提示或警示的作用。对于前大灯的使用，有严格的要求，驾驶员应按照交通法规规范操作，以避免事故，如夜间遇车时，应切换成近光等。

2. 前大灯检查

（1）功能检查　将点火开关旋至"ON"位置，检查各种灯的工作情况及仪表板各指示灯是否正常，如异常，可对熔丝、插头、开关等进行检查。

将灯光组合开关向上旋动两挡，如图 2-4-7 所示，近光灯及其指示灯应亮起；按位置"1"所示下压灯光组合开关，远光灯及其指示灯应亮起。如果在近光灯打开的情况下，按位置"3"所示上拉灯光组合开关，前大灯变光器应工作正常（远近光切换），仪表板上指示灯也应点亮。

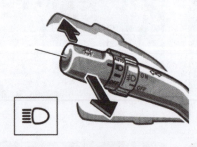　

图 2-4-7　远近光调节开关　　　图 2-4-8　前大灯总成

（2）外观检查　如图 2-4-8 所示，检查前大灯总成安装有无松动、壳体有无开裂、油污、内部起雾等现象。

（三）前后雾灯大灯

1. 前后雾灯功用

在雨雾天气，打开前后雾灯，起到提高能见度和警示的作用。

2. 前后雾灯检查

（1）功能检查　将点火开关旋至"ON"位置，检查各种灯的工作情况及仪表板各指示灯是否正常，如异常，可对熔丝、插头、开关等进行检查。

在小灯打开的情况下，将灯光组合开关内侧的雾灯旋钮向前旋一挡，如图 2-4-9 所示，则前雾灯及仪表板上前雾灯指示灯亮起；在前雾灯亮起的前提下，将灯光组合开关内侧的雾灯旋钮向前再旋一挡后放松，则后雾灯及仪表板上后雾灯指示灯亮起。

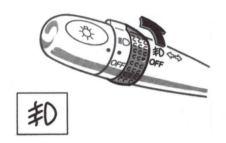

图 2-4-9　雾灯组合开关

（2）外观检查　检查前大灯总成和尾灯总成安装有无松动、壳体有无开裂、油污、内部起雾等现象。

（四）倒车灯

1. 倒车灯功用

在倒车时，倒车灯能提高车后的能见度，并对车后的行人或车辆起到警示作用。

2. 倒车灯检查

（1）功能检查　将点火开关旋至"ON"位置，检查各种灯的工作情况及仪表板各指示灯是否正常，如异常，可对熔丝、插头、开关等进行检查。

将手动变速器置于倒挡或自动变速器置于"R"挡，倒车灯应亮起，如图 2-4-10 所示。

（2）外观检查　检查尾灯总成安装有无松动、壳体有无开裂、油污、内部起雾等现象。

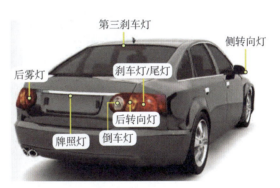

图 2-4-10　倒车灯

一、操作条件

①设备：整车、工作台、废气抽排装置。
②工具：车轮挡块、地板垫、座椅套、转向盘套、翼子板布、前格栅布，抹布若干。

二、安全及注意事项

①需按规范操作举升机，并做必要的安全防护，不能盲目举车或进入车底。
②当打开车辆前舱盖或进入车辆底部时，不要盲目碰触高压导线及设备，避免触电危险。
③对所使用的纸质维修手册、电脑、车辆或举升机要及时规整复位，并对场地进行5S工作。

三、操作过程

序号	操作步骤	图解	操作方法及操作标准
1	准备工作		【操作标准】 工具要齐全，摆放要整齐
2	车辆安全防护		【操作方法】 （1）安装车轮挡块； （2）安装排气烟道 【操作标准】 按操作步骤进行车辆防护
3	安装车内防护		【操作方法】 （1）安装座椅套； （2）安装转向盘套； （3）铺地板垫 【操作标准】 按操作步骤进行车内防护
4	安装车外防护		【操作方法】 （1）安装车轮挡块，安装车内防护； （2）拉起驻车制动杆，降下驾驶员侧车窗玻璃，拉发动机舱盖释放杆； （3）打开发动机舱盖，安装翼子板布和前格栅布 【操作标准】 按步骤进行安全防护
5	车辆预检		【操作方法】 （1）检查机油、冷却液、制动液、喷洗液各液位是否在规定范围； （2）取下车外防护，关闭发动机舱盖 【操作标准】 按规范操作
6	检查阅读灯		【操作标准】 分别按下两个阅读灯开关，阅读灯都应能点亮
7	检查车厢灯		【操作方法】 （1）将开关拨至"ON"位，车厢灯能点亮； （2）关闭所有车门，将开关拨至"DOOR"位，车厢灯不亮； （3）逐一打开各扇车门，车厢灯能点亮，关闭车门后，能延时熄灭

续表

序号	操作步骤	图解	操作方法及操作标准
8	检查行李箱灯		【操作标准】 拉后备厢盖释放杆，打开行李箱，行李箱灯应能点亮
9	检查前大灯		【操作方法】 （1）启动发动机，灯光组合开光向上旋到"2"挡； （2）检查近光灯及指示灯是否点亮； （3）检查远光灯及指示灯是否点亮； （4）检查前大灯变光器是否正常； （5）检查前大灯总成安装有无松动； （6）检查前大灯壳体有无开裂、油污、内部起雾等现象
10	检查前后雾灯		【操作方法】 （1）检查前雾灯及指示灯是否点亮； （2）检查后雾灯及指示灯是否点亮 【操作标准】 必须先将灯光组合开关向上旋到"1"挡，再开雾灯
11	检查倒车灯		【操作方法】 检查倒车灯是否点亮 【操作标准】 挂倒挡时，必须踩下制动踏板或离合器踏板，注意安全
12	车辆复位		【操作方法】 （1）取下车内、外防护用品； （2）取下车轮挡块； （3）清洁车身
13	工具复位		【操作方法】 清洁并整理工具 【操作标准】 严格执行5S操作

【问题情境一】图2-4-11中从左到右光源分别为LED、普通钨丝灯、卤素灯和气体放电灯。请结合图片与实物,观察车上各照明系统分别用的什么光源。

解决途径:普通钨丝灯主要用作转向灯、车内照明和后尾灯,卤素灯多用于前照灯,LED可用作转向灯、尾灯及车内照明,气体放电灯主要用于前照灯。

【问题情境二】当按规范操作打开前照灯时,发现左边前照灯不亮,一定是线路出问题吗?

解决途径:前照灯不亮,原因是多种多样的,可能是灯泡损坏、熔丝断开、车灯开光损坏、前照灯继电器损坏、线路短路或断路等。

图2-4-11 光源的分类

四、学习结果评价

请根据表2-4-4,完成学习结果的自我评价。

表2-4-4 自我评价表

序号	评价内容	评价标准	评价结果(是/否)
1	知识与技能	能掌握照明灯的分类	□是 □否
		能理解车内、车外照明灯功用	□是 □否
		能进行车内照明灯检查	□是 □否
		能进行车外照明灯检查	□是 □否
		能区分车辆中光源类型	□是 □否
2	安全与5S	能对场地进行安全检查	□是 □否
		能安全操作举升机	□是 □否
		能做好安全防护	□是 □否
		能遵守场地日常安全条例	□是 □否
		能使用工具、工位进行整理、复位、清扫	□是 □否
3	总评	能够满足下一步内容学习	□是 □否

1.请结合图片(作业1图)和实物,思考倒车灯用的是什么光源。

2.刘三驾驶车辆的时候,发现后尾灯亮度降低,灯光发暗,他认为换个尾灯就好,你认为呢?

作业1图

任务三　信号灯检查与维护

1. 理解车外信号灯的类型及功用。
2. 能正确检查车外信号灯。

车外信号灯：主要有示宽灯（小灯）、尾灯、转向灯、危险警告灯、制动灯等。检查周期为每10 000 km或6个月。

一、信号灯的分类

① 车内信号灯即前面任务的仪表灯检查与维护，已做详细阐述。
② 车外信号灯主要有示宽灯（小灯）、尾灯、转向灯、危险警告灯、制动灯等。

二、车外信号灯功用与检查

1. 示宽灯与尾灯

（1）示宽灯与尾灯功用　在能见度低的情况下，打开这些灯将起到警示作用。
（2）示宽灯与尾灯检查
① 功能检查。将灯光组合开关向上旋动"1"挡，如图2-4-12所示，示宽灯、仪表照明灯、尾灯、牌照灯应亮起，向上旋动"2"挡，前大灯和上述所有灯光都打开。
② 外观检查。检查前大灯与尾灯总成安装有无松动、壳体有无开裂、油污、内部起雾等现象。

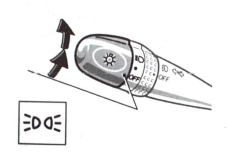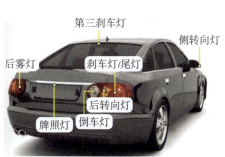

图 2-4-12　示宽灯与尾灯

2. 转向灯

（1）转向灯功用　在转向前打开转向灯，主要起向行人或过往车辆提示驾驶员转向意图作用。
（2）转向灯检查
① 功能检查。将灯光组合开关向上或向下拨至位置"1"，如图2-4-13所示，则左右转向灯及仪表板上左右转向灯指示灯亮起；发出变换车道信号时，把杆向上或向下移动至位置"2"。

转向灯、危险警告灯（双闪）开关和灯光闪烁的现象

②外观检查。检查转向灯，安装有无松动、壳体有无开裂、油污、内部起雾等现象。

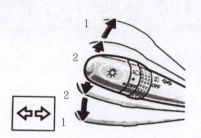 

图 2-4-13 转向灯

3. 危险警告灯大灯

（1）危险警告灯功用　打开危险警告灯，主要起向行人或过往车辆提示有危险或紧急情况的作用。

（2）危险警告灯检查

①功能检查。将仪表板中央的危险警告灯按钮（红色三角形）按下，如图 2-4-14 所示，则危险警告灯亮起（即所有转向灯同时亮起），转向灯仪表板指示灯也应点亮。

图 2-4-14 危险警告灯

②外观检查。检查大灯总成安装有无松动、壳体有无开裂、油污、内部起雾等现象。

4. 制动灯

（1）制动灯功用　在进行车辆制动时，制动灯点亮，将对车后的车辆或行人起到警示的作用，避免追尾事故的发生。

（2）制动灯检查

①功能检查。踩踏制动踏板时，制动灯及高位制动灯应亮起，如图 2-4-15 所示。

②外观检查。检查大灯总成安装有无松动、壳体有无开裂、油污、内部起雾等现象。

图 2-4-15 制动灯

能力训练

一、操作条件

①设备：整车、工作台、废气抽排装置。

②工具：车轮挡块、地板垫、座椅套、转向盘套、翼子板布、前格栅布，抹布若干。

二、安全及注意事项

① 需按规范操作举升机，并做必要的安全防护，不能盲目举车或进入车底。
② 当打开车辆前舱盖或进入车辆底部时，不要盲目碰触高压导线及设备，避免触电危险。
③ 对所使用的纸质维修手册、电脑、车辆或举升机要及时规整复位，并对场地进行5S工作。

三、操作过程

序号	操作步骤	图解	操作方法及操作标准
1	准备工作		【操作标准】 工具要齐全，摆放要整齐
2	车辆安全防护		【操作方法】 （1）安装车轮挡块； （2）安装排气烟道 【操作标准】 按操作步骤进行车辆防护
3	安装车内防护		【操作方法】 （1）安装座椅套； （2）安装转向盘套； （3）铺地板垫 【操作标准】 按操作步骤进行车内防护
4	安装车外防护		【操作方法】 （1）安装车轮挡块，安装车内防护； （2）拉起驻车制动杆，降下驾驶员侧车窗玻璃，拉发动机舱盖释放杆； （3）打开发动机舱盖，安装翼子板布和前格栅布 【操作标准】 按步骤进行安全防护
5	车辆预检		【操作方法】 （1）检查机油、冷却液、制动液、喷洗液各液位是否在规定范围； （2）取下车外防护，关闭发动机舱盖 【操作标准】 按规范操作

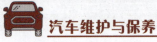

续表

序号	操作步骤	图解	操作方法及操作标准
6	检查示宽灯		【操作方法】 （1）启动发动机，灯光组合开关向上旋到"1"挡； （2）检查仪表照明灯是否点亮； （3）检查示宽灯是否点亮； （4）检查牌照灯是否点亮； （5）检查尾灯是否点亮； （6）检查前大灯、尾灯总成安装有无松动； （7）检查前大灯、尾灯壳体有无开裂、油污、内部起雾等现象
7	检查转向灯及危险警告灯		【操作方法】 （1）检查左转向灯及指示灯是否点亮； （2）检查右转向灯及指示灯是否点亮； （3）检查危险警告灯及指示灯是否点亮
8	检查制动灯		【操作方法】 检查制动灯及高位制动灯是否点亮
9	车辆工具复位		【操作方法】 清洁并整理工具 【操作标准】 严格执行5S操作

【问题情境一】行驶在高速路中，突然下起了暴雨，下意识的你想打开危险警告灯，这是合理的操作吗？

解决途径：行驶中突遇暴雨，最好不要开启危险报警闪光灯，要开启示宽灯和前后雾灯，缓慢行驶，不要超车，找到最近的道口下高速。

【问题情境二】在路上正常行驶，突遇紧急情况，你紧急按下了危险警告灯开关，但是车外的双闪没有正常亮起，你觉得是开关坏了吗？还有其他可能吗？

解决途径：

① 危险警告灯保险断路，导致危险警告灯电路无电源；

② 危险警告灯电源供电开关故障，导致危险警告灯电路无法供电；

③ 危险警告灯负载开关故障，无法接通左右转向灯电路，导致危险警告。

四、学习结果评价

请根据表 2-4-5，完成学习结果的自我评价。

表 2-4-5　自我评价表

序号	评价内容	评价标准	评价结果（是/否）
1	知识与技能	理解车外信号灯功用	□是　□否
		能正确进行车外信号灯检查	□是　□否
2	安全与5S	能对场地进行安全检查	□是　□否
		能安全操作举升机	□是　□否
		能做好安全防护	□是　□否
		能遵守场地日常安全条例	□是　□否
		能使用工具、工位进行整理、复位、清扫	□是　□否
3	总评	能够满足下一步内容学习	□是　□否

1. 你的车已行驶快10年了，最近踩制动踏板时发现高位制动灯不亮，你觉得反正制动灯还能亮，车子也已用这么久，高位制动灯坏就坏，不修了，可行吗？为什么？

2. 打开转向灯的时候，灯光就是一闪一闪，你知道是怎么实现的吗？为什么不是常亮呢？

笔记

项目五　汽车安全系统检查

任务　安全气囊检查与维护

 学习目标

1. 了解汽车上的安全气囊的位置。
2. 能对不同位置的安全气囊进行日常检查。
3. 能辨别安全气囊是否有故障。

 核心概念

安全气囊：指撞车时在乘员产生二次碰撞前，使气囊膨胀保护乘员的装置。

 基本知识

一、安全气囊安装位置

安全气囊，一般设置在车内前方（正、副驾驶位）、侧方（车内前排和后排）和车顶三个方向（图2-5-1）。装有安全气囊系统的容器外部都印有SRS或AIRBAG的字样（图2-5-2）。

安全气囊"AIRBAG"标志

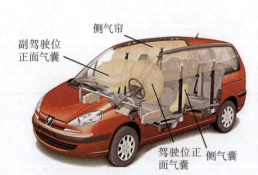

图2-5-1　安全气囊的位置

图2-5-2　安全气囊标识

二、安全气囊的组成和工作过程

安全气囊主要由安全气囊传感器、防撞安全气囊及电子控制装置等组成，当车辆在发生碰撞时，安全气囊传感器接收撞击信号，达到规定的强度，传感器发出信号，达到气囊展开条件，则由驱动电路向气囊组件中的气体发生器送去启动信号产生气体，使气囊在极短的时间内突破衬垫迅速展开（图2-5-3），在驾驶员或乘坐员的前部形成弹性气垫，并及时泄漏、收缩，吸收冲击能量，从而有效地保护人体头部和胸部。

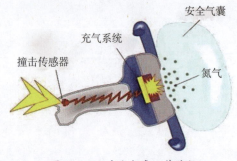

图2-5-3　安全气囊工作过程

 笔记

一、操作条件

① 设备：整车、工作台。
② 工具：车轮挡块、地板垫、座椅套、转向盘套、抹布。

二、安全及注意事项

① 非安全气囊专业维修人员不得进行安全气囊的检修。
② 对所使用的纸质维修手册、电脑、车辆或举升机要及时规整复位，并对场地进行 5S 工作。

三、操作过程

序号	操作步骤	图解	操作方法及操作标准
1	准备工作		【操作方法】 工具要齐全，摆放要整齐
2	车辆安全防护		【操作方法】 （1）安装车轮挡块，安装车内防护； （2）拉起驻车制动杆，降下驾驶员侧车窗玻璃 【操作标准】 防护到位
3	观察安全气囊故障指示灯		【操作方法】 点火开关转到 ACC 位置或者 ON 位置 【操作标准】 警告灯会亮大约四五秒进行自检，然后熄灭
4	安全气囊的日常检查		【操作方法】 （1）转向盘面板； （2）前排乘客的安全气囊； （3）侧安全气囊 【操作标准】 不能粘贴覆盖物、不能加套、不能进行其他加工，清洁只能用干燥或蘸水的抹布擦拭
5	查看碰撞传感器		【操作标准】 应无松动
6	车辆、工具复位		【操作方法】 （1）取下车内防护用品； （2）车辆复位，清洁车身； （3）清洁并整理工具 【操作标准】 严格执行 5S 操作

【问题情境一】 安全气囊（图2-5-4）弹出后，是塞回去继续使用还是更换？

解决途径： 首先从安全气囊的工作原理来了解各部分的作用，其次从安全的角度出发来思考。

【问题情境二】 在使用安全气囊时为什么必须配合安全带一起使用？

解决途径： 安全气囊只是辅助安全装置。

图 2-5-4　安全气囊

四、学习结果评价

请根据表2-5-1，完成学习结果的自我评价。

表 2-5-1　自我评价表

序号	评价内容	评价标准	评价结果（是/否）
1	知识与技能	能找到各位置的安全气囊	□是　□否
		能判断安全气囊是否有故障	□是　□否
		能对有安全气囊的地方进行检查	□是　□否
		能对有安全气囊的地方进行清洁	□是　□否
		能检查碰撞传感器是否牢固	□是　□否
2	安全与5S	能对场地进行安全检查	□是　□否
		能安全操作检查过程	□是　□否
		能做好安全防护	□是　□否
		能遵守场地日常安全条例	□是　□否
		能使用工具、工位进行整理、复位、清扫	□是　□否
3	总评	能够满足下一步内容学习	□是　□否

1. 安全气囊有使用年限吗？
2. 安全气囊越多越安全吗？

单元三　汽车空调系统维护

项目一　空调系统维护

任务一　空调系统的认知

学习目标

1. 掌握汽车空调系统的使用方法。
2. 能进行汽车空调出风口风速、湿度和温度的检查操作。
3. 能进行汽车空调制冷剂量的检查操作。

核心概念

汽车空调：一年四季对车内空气的温度、湿度、流速等参数进行调节，将车内空气控制在舒适的标准范围之内的汽车电气设备，具有换气、加热、冷却、除湿和净化空气的作用。

基本知识

一、控制面板

按照控制方式可以分为手动空调和自动空调，其控制面板有所不同，确定是否为自动空调最直接的方式就是查看空调控制区域内有没有"AUTO"（自动）（图3-1-1）的按钮。

1. "A/C"开关

要打开空调系统时，按"A/C"开关，（图3-1-2）其指示灯点亮；关闭空调系统时，按"A/C"开关，其指示灯熄灭。

2. 内/外循环转换

通过转换按键来控制气流源（图3-1-3）。

3. 温度选择

调整温度选择按钮，则改变空调制冷或制热的温度（图3-1-4）。

4. 风速调整

调整风速选择按钮，则改变空调风机的转速，调节风量（图3-1-4）。

5. 模式选择

调整模式按钮，则改变气流的出风口。

图3-1-1　自动空调开关按钮

图3-1-2　空调开关按钮

空调开关和各挡位及风量的调节

二、测量仪器

检测空调各出风口的风速、温度和湿度可以采用风速仪进行,如图3-1-5所示。

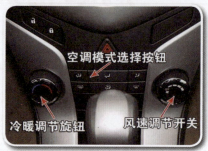

图3-1-3　内/外循环转换按钮　　　图3-1-4　其他调节开关按钮　　　图3-1-5　风速仪

一、操作条件

① 设备:整车、工作台、废气抽排装置、压缩机。
② 工具:车轮挡块、地板垫、座椅套、转向盘套、翼子板布、前格栅布、气枪、抹布。

二、安全及注意事项

① 在启动发动机前,一定要看一下挡位是否在规定挡位,避免误踩加速踏板造成危险。
② 当打开车辆前舱盖时,不要盲目碰触高压导线及设备,避免触电危险。
③ 检查制冷剂量时,需两人配合进行。
④ 对所使用的纸质维修手册、电脑、车辆或举升机要及时规整复位,并对场地进行5S工作。

三、操作过程

序号	操作步骤	图解	操作方法及操作标准
1	准备工作		【操作标准】 工具要齐全,摆放要整齐
2	车辆安全防护		【操作方法】 (1)安装车轮挡块,安装车内防护;安装尾气收集管; (2)拉起驻车制动杆,降下驾驶员侧车窗玻璃,拉发动机舱盖释放杆; (3)打开发动机舱盖,安装翼子板布和前格栅布 【操作标准】 车轮挡块不能超出胎侧过多
3	检查空调控制旋钮		【操作方法】 (1)启动发动机; (2)逐一打开风扇各挡位,检查工作是否正常; (3)逐一打开出风口各挡位,检查工作是否正常; (4)打开冷空调,检查制冷效果是否正常 【操作标准】 可以用手感受各出风口

续表

序号	操作步骤	图解	操作方法及操作标准
4	检查温度、湿度和风速		【操作方法】 能调整空调开至最制冷状态： （1）打开车窗，风速调整最大； （2）外循环； （3）制冷模式最冷； （4）发动机转速保持在1500～2000 r/min 【操作标准】 用风速仪在各出风口进行测量，等待数值稳定后读出数值
5	检查制冷剂量		【操作方法】 （1）打开所有车门； （2）打开空调至制冷效果最大； （3）发动机转速加至1500 r/min； （4）检查制冷剂量是否正常 【操作标准】 观察制冷剂观察窗。先有少量气泡，后来消失，则制冷剂量正常；始终有大量气泡，则制冷量不足，需进行空调系统检漏或添加制冷剂
6	车辆、工具复位		【操作方法】 （1）关闭发动机，取下尾气收集管； （2）取下车内、外防护用品； （3）车辆复位，清洁车身； （4）清洁并整理工具 【操作标准】 严格执行5S操作

【问题情境】在平时的驾驶中，为了营造舒适的驾乘环境，我们应该怎样来选择汽车的内/外循环功能？

解决途径：选择内循环方式（图3-1-6），使车内的空气进行内部再循环，一般我们会在刚开启空调的时候使用，使车内温度能够尽快达到指定温度，但长时间如此，对身体健康不利；选择外循环方式，把外界空气引入车内循环，从而保持车内空气清新，但制冷效果较低。另外，当车辆进入隧道、山洞之类相对封闭的环境时，周围车辆排放出的尾气浓度相对较高，这时也可开启内循环功能，杜绝外部空气进入以保证车内空气的良好状况。

图3-1-6 车内空气内循环

四、学习结果评价

请根据表3-1-1，完成学习结果的自我评价。

表3-1-1 自我评价表

序号	评价内容	评价标准	评价结果（是/否）
1	知识与技能	能拉起驻车制动，降驾驶席车窗玻璃	□是 □否
		能打开发动机舱盖	□是 □否
		能打开空调按钮	□是 □否
		能调整空调开关至最冷状态	□是 □否
		能检查出风口风速	□是 □否
		能检查出风口温度	□是 □否
		能检查出风口湿度	□是 □否
		能启动发动机后检查制冷剂的量	□是 □否

续表

序号	评价内容	评价标准	评价结果（是/否）
2	安全与5S	能对场地进行安全检查	□是 □否
		能安全操作尾气收集管	□是 □否
		能做好安全防护	□是 □否
		能遵守场地日常安全条例	□是 □否
		能使用工具、工位进行整理、复位、清扫	□是 □否
3	总评	能够满足下一步内容学习	□是 □否

如果空调系统设置不同的风速，对汽车的油耗会有什么影响吗？

任务二　空调压缩机检查与维护

1. 了解空调压缩机的工作过程。
2. 能对空调压缩机进行检查与维护。

压缩机：压缩机的功用是维持制冷剂在制冷系统中的循环，吸入来自蒸发器的低温、低压制冷剂蒸气，经压缩后使其变为高温、高压的制冷剂蒸气。高温、高压的制冷剂蒸气进入冷凝器向外界放出热量后，变为高温、高压的制冷剂液体。由此可看出压缩机是制冷系统低压和高压、低温和高温的分界线。

制冷剂：制冷剂是空调系统中的"热载体"，俗称冷媒，目前汽车上采用的型号是R-134a。

压缩机是制冷剂在空调系统内循环的动力源，如图3-1-7所示，同时压缩机还是整个空调系统内所有管路中介质运转的压力源，一般在发动机舱的前方偏下的位置，如图3-1-8所示。

图 3-1-7 桑塔纳 2000 空调压缩机

图 3-1-8 发动机空调系统

空调压缩机的工作和停转

一、空调压缩机的工作过程

压缩机的动力来源于曲轴,通过磁性离合器及皮带与发动机曲轴相连,如图 3-1-9 所示。

空调系统蒸发器的出风口安装有感温传感器,当出风口温度不够低时,ECU 会使压缩机的磁性离合器闭合,使压缩机随发动机运转,实现制冷;而当出风温度低于设定的温度,ECU 则控制磁性离合器切离,这样压缩机就不再工作。如果这一控制失灵,那么压缩机将不断工作,使蒸发器结冰造成管道压力超标,最终导致系统不工作,甚至造成损坏。

二、空调压缩机的常见类型

空调压缩机常见的类型包括:叶片式压缩机、涡轮式压缩机和斜盘式压缩机。

(1)叶片式压缩机 叶片式压缩机由一个圆形导流管组成,内部有一个转子,转子有四个槽,安装有四个叶片,如图 3-1-10 所示。

图 3-1-9 压缩机离合器

叶片组成压缩机中的室,随转子旋转,这些室的容积随之变化,使制冷剂在压力作用下被吸入或压出。

(2)涡轮式压缩机 涡轮式压缩机的腔室包含一个固定的蜗卷和一个在空处的驱动蜗卷,驱动蜗卷偏心旋转,如图 3-1-11 所示。在工作过程中,两个蜗卷之间的容积增加时,制冷剂被吸入,容积减小时,制冷剂压力增加。高压管路和固定蜗卷的中心连接,制冷剂在高压下通过高压管路离开压缩机。

图 3-1-10 叶片式压缩机剖面结构

图 3-1-11 涡轮式压缩机剖面结构

注:红色为高压管路

（3）斜盘式压缩机　斜盘式压缩机使用活塞压缩，斜盘将滑轮的旋转运动转成活塞的往复式运动，通过活塞的上下移动，制冷剂被吸入或者压出。缸体顶部有阀门保证制冷剂按正确方向流动，如图3-1-12所示。

图3-1-12　斜盘式压缩机结构

三、空调压缩机的检查

1. 压缩机外观检查

压缩机外观检查包括安装支架检查和传动皮带松紧度检查。

（1）安装支架检查　安装支架不能松动以防压缩机工作时损坏。

（2）传动皮带松紧度检查　传动皮带松紧度需适宜，过松会打滑，导致压缩机转速下降，制冷量不足；过紧则加剧皮带磨损，使曲轴轴承过早损伤。

2. 压缩机工作情况检查

压缩机工作情况检查包括压缩机离合器工作情况、工作异响和高低压管路温度检查。

（1）离合器工作情况检查　压缩机离合器在打开空调制冷时，应听见吸合声。

（2）压缩机工作异响检查　压缩机运转情况下，应无异常响声，如有，说明压缩机的轴承、阀片、活塞环或其他部件有可能损伤或冷冻润滑油过少。

（3）高低压管路温度检查　正常情况下用手摸压缩机附近高低压管路，低压管路呈低温状态，高压管路呈高温状态。

3. 制冷剂检查

正常情况下制冷剂消耗极少，所以压缩机制冷剂应在规定范围内，若从压缩机的视液镜看不到制冷剂，说明空调系统存在泄露现象，应及时检修。

通过压缩机上安装的视液窗，如图3-1-13所示，可观察压缩机制冷剂情况。

检查制冷剂的数量应在工作时检查，如图3-1-14所示，A：几乎没有气泡，说明制冷剂量正常；B：有连续的气泡，说明制冷剂量不足；C：看不到气泡，说明制冷剂储藏罐是空的或制冷剂过量。

图3-1-13　视液窗

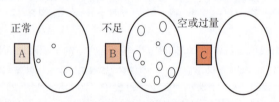

图3-1-14　制冷剂剂量检查

一、操作条件

① 设备：汽车。
② 工具：车内防护三件套、车外防护三件套、挡块、烟道。

二、安全及注意事项

① 在操作之前必须先安装车轮挡块。
② 进入车内前必须先铺设防护三件套，并确认手刹已拉起。
③ 对所使用的纸质维修手册、车辆、工具要及时规整复位，并对场地进行5S工作。

三、操作过程

序号	操作步骤	图解	操作方法及操作标准
1	准备工作		【操作方法】 （1）安装车轮挡块，接排气烟道； （2）打开车门铺设车内防护三件套； （3）确认已在驻车挡位，降下驾驶员侧车窗，拉开发动机舱盖释放杆； （4）铺前格栅布和翼子板布； （5）进行车辆预检 【操作标准】 进车之前确认驻车制动，并确认预检正常
2	检查压缩机安装支架及三角皮带		【操作方法】 检查压缩机三角皮带松紧度是否正常 【操作标准】 用手按压压缩机三角皮带，检查松紧度
3	检查压缩机润滑油液位		【操作方法】 （1）打开所有车门； （2）将空调开到最大制冷； （3）将发动机加速到1500r/min； （4）检查压缩机制冷剂剂量是否正常 【操作标准】 需两人配合完成
4	检查压缩机是否有异响、工作是否正常		【操作方法】 （1）检查离合器工作是否正常； （2）检查压缩机安装支架是否松动； （3）检查压缩机是否有异响； （4）用手摸压缩机附近高低压管路是否有温差 【操作标准】 听压缩机附近是否有杂音，如无说明压缩机安装牢靠； 低压管路应为低温，高压管路应为高温； 检查温度时需戴手套
5	工位复原		【操作方法】 （1）关闭空调，熄火； （2）移除车外、车内三件套； （3）移除车轮挡块及烟道； （4）车身及工位清洁 【操作标准】 严格执行5S操作

【问题情境】空调打开时听不到离合器吸合的声音是不是说明空调系统一定有故障？

解决途径：列举出离合器不吸合的原因。

四、学习结果评价

请根据表3-1-2，完成学习结果的自我评价。

表 3-1-2 自我评价表

序号	评价内容	评价标准	评价结果（是/否）
1	知识与技能	能找到压缩机所在位置	□是　□否
		能正确检查压缩机	□是　□否
		能正确确认压缩机工作状况	□是　□否
2	安全与5S	能对场地进行安全检查	□是　□否
		能做好工位防护	□是　□否
		能做好安全防护	□是　□否
		能遵守场地日常安全条例	□是　□否
		能使用工具、工位进行整理、复位、清扫	□是　□否
3	总评	能够满足下一步内容学习	□是　□否

课后作业

1. 压缩机会有哪些异响出现？原因是什么？
2. 制冷剂检查如果偏低说明空调系统可能有什么故障？

任务三　空调冷凝器检查与维护

学习目标

1. 了解空调冷凝器的工作过程。
2. 能对空调冷凝器进行检查与维护。

核心概念

冷凝器的冷凝：通过散热，将其管道内的高温高压的制冷剂从气态凝成液态。

基本知识

一、冷凝器

冷凝器是在一排弯绕的管道上布满散热用的金属薄片，如图3-1-15所示，以此实现外界空气与管道内物质的热交换的装置。

其冷凝原理是让外界流动的空气强制通过冷凝器的散热片，将高温制冷剂蒸气的热量带走排至大气中，使高温制冷剂从气态冷却为液态。

冷凝器进口在上方，出口在下方，经常被安装在车辆前部，在发动机冷却液散热器的后面，共同被来自车辆前方的空气冷却，如图3-1-16所示。

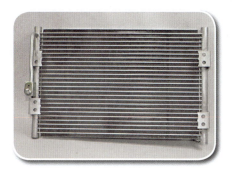
图3-1-15 冷凝器

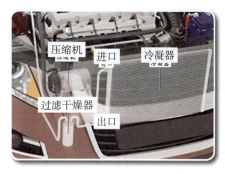
图3-1-16 冷凝器安装位置

二、冷凝器常见类型

冷凝器均采用风冷式结构，常见有管带式和平流式两种，如图3-1-17所示。

（a）管带式

（b）平流式

图3-1-17 冷凝器常见类型

1. 管带式

管带式冷凝器主要由一根连续回绕的管道构成，管道直接安装有散热片，用以增大冷却面积，如图3-1-18所示，其热交换速度较平流式缓慢。

2. 平流式

平流式冷凝器中多条管道并行安装，每一条管道有多个小的开口，如图3-1-19所示。工作时制冷剂被分流成多条平行的细流，热交换速度更高。

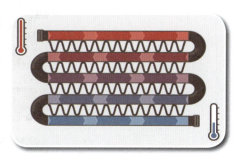
图3-1-18 管带式冷凝器结构

三、冷凝器的检查

1. 目的

冷凝器检查的目的是保证能通过最大的通气量。

2. 检查项目

冷凝器的检查包括冷凝器的清洁状况和工作情况。

3. 冷凝器检查步骤

（1）外观检查 检查冷凝器表面有无油污、泥土或其他杂物附着在上。

（2）工作情况 手摸冷凝器进口和出口处，前者应较后者热。

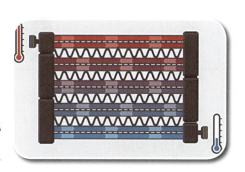
图3-1-19 平流式冷凝器结构

笔记  能力训练

一、操作条件

① 设备：汽车。
② 工具：车内防护三件套、车外防护三件套、挡块、烟道。

二、安全及注意事项

① 在操作之前必须先安装车轮挡块。
② 进入车内前必须先铺设防护三件套，并确认手刹已拉起。
③ 对所使用的纸质维修手册、车辆、工具要及时规整复位，并对场地进行 5S 工作。

三、操作过程

序号	操作步骤	图解	操作方法及操作标准
1	准备工作		【操作方法】 （1）安装车轮挡块，接排气烟道； （2）打开车门铺设车内防护三件套； （3）确认已在驻车挡位，降下驾驶员侧车窗，拉开发动机舱盖释放杆； （4）铺前格栅布和翼子板布； （5）进行车辆预检 【操作标准】 进车之前确认驻车制动
2	检查冷凝器外观		【操作方法】 （1）检查冷凝器上是否有脏污； （2）检查冷凝器上是否有其他杂物 【操作标准】 确认冷凝器清洁状况
3	检查冷凝器工作情况		【操作方法】 （1）打开所有车门； （2）将空调开到最大制冷； （3）将发动机加速到 1500r/min； （4）检查冷凝器进出口温度 【操作标准】 进口温度应高于出口温度
4	工位复原		【操作方法】 （1）关闭空调，熄火； （2）移除车外、车内三件套； （3）移除车轮挡块及烟道； （4）车身及工位清洁 【操作标准】 严格执行 5S 操作

【问题情境】冷凝器上如果有脏污会出现什么问题？

解决途径：从冷凝器的散热途径来思考这个问题。

四、学习结果评价

请根据表 3-1-3，完成学习结果的自我评价。

表 3-1-3　自我评价表

序号	评价内容	评价标准	评价结果（是/否）
1	知识与技能	能找到空调冷凝器	□是　□否
		能对冷凝器外观进行检查	□是　□否
		能确认冷凝器工作情况	□是　□否
2	安全与5S	能对场地进行安全检查	□是　□否
		能做好工位防护	□是　□否
		能做好安全防护	□是　□否
		能遵守场地日常安全条例	□是　□否
		能使用工具、工位进行整理、复位、清扫	□是　□否
3	总评	能够满足下一步内容学习	□是　□否

课后作业

请观察目前家用汽车上最常用的是哪种类型的冷凝器？

任务四　空调蒸发器检查与维护

学习目标

1. 掌握汽车空调蒸发器的作用。
2. 掌握汽车空调蒸发器的分类。
3. 掌握汽车空调蒸发器的拆装与检查的步骤和方法。

核心概念

　　蒸发器：是一种热交换器，它利用从节流装置来的低温低压的液态制冷剂蒸发时吸收周围空气中的大量热量，从而达到车内降温的目的，如图3-1-20所示。
　　热交换：利用一个特定类型的管道与外界交换热量的过程，其效果取决于热量与管道的接触面积的大小，接触面积大，热交换效率高，反之则低。热交换一般通过热传导、热对流和热辐射三种方式来完成。如图3-1-21所示。

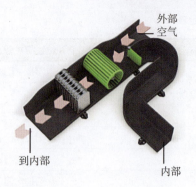
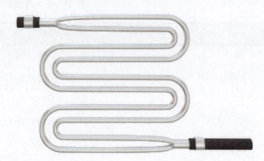

图 3-1-20 蒸发器的作用　　　　图 3-1-21 热交换的管道

一、蒸发器的工作原理

蒸发器的作用原理与冷凝器正好相反，从膨胀阀或节流孔管流出、直接进入蒸发器的制冷剂由于体积突然膨胀而变成低温低压雾状物（微粒液体），这种状态的制冷剂很容易汽化，汽化时将吸收周围大量的热量，空调风机强制使进入车内的空气从蒸发器表面流过，通过管片将热量传给蒸发器内的制冷剂，通过吸收热量使液态的制冷剂汽化，如图 3-1-22 所示。

二、蒸发器的类型

蒸发器的目的是从空气中吸取大量的热量，根据结构尺寸可以分为管带式蒸发器和平行流式蒸发器。

① 管带式蒸发器：蒸发器中只有一根长管回绕布置的蒸发器称为管带式蒸发器。这种蒸发器的管道是圆的而且只有一个开口。管段之间的散热片增加了热交换面积，如图 3-1-23 所示。

② 平行流式蒸发器：平行流式蒸发器是指蒸发器中大量的管道平行布置的蒸发器。这种蒸发器的管道是扁平的且有大量的细小开口。平行流式蒸发器在管道间装有散热器，如图 3-1-24 所示。

图 3-1-22 蒸发器的工作原理

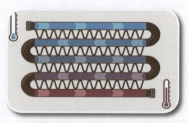

图 3-1-23 管带式蒸发器　　　　图 3-1-24 平行流式蒸发器

三、蒸发器的制作要求

蒸发器安装在汽车仪表板内部，由于空调位置有限，因此对蒸发器要求较苛刻，蒸发器要具备制冷效率高、尺寸小、重量轻等特点。所以在设计时考虑以下几点：

① 管件的大小和长度。
② 蒸发器片的数量和尺寸。
③ 回转头的数量。
④ 穿过和通过蒸发器片的空气流量。

四、空调蒸发器常见故障的检查与拆卸维修

1. 蒸发器的常见故障

蒸发器出现传热性能差、泄漏或阻塞故障时，会使空调制冷系统制冷不足或不制冷，如图 3-1-25 所示。

蒸发器的常见故障有：
① 蒸发器脏污、堵塞、变形或破损。
② 蒸发器管路连接处有破损、泄漏等。

2. 蒸发器的拆卸步骤

① 排放出制冷剂。
② 将蒸发器的吸入管路和排出管路断开。断开管路后应立刻塞住或盖住管口，以避免湿气和灰尘污染系统。
③ 拆卸副驾驶座位侧仪表板处的护罩、护板罩架、杂物箱等。
④ 断开蒸发器温度传感器插头，卸下有关的自攻螺钉、紧固螺栓和螺母后，卸下蒸发器壳体总成。
⑤ 从蒸发器散热片上拉出蒸发器温度传感器。
⑥ 拆下自攻螺钉，小心地分开蒸发器壳体，然后拆下蒸发器。
⑦ 如果有必要，拆下膨胀阀。松开膨胀阀螺母时，要用另一个扳手固定住膨胀阀或蒸发器，以免损坏，如图3-1-26所示。

图3-1-25 蒸发器的安装位置

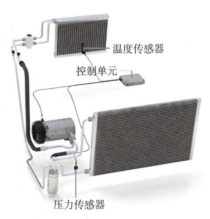

图3-1-26 汽车空调蒸发器连接布置

3. 蒸发器的检查与修理

① 检查蒸发器表面是否脏污。若有，用软毛刷刷洗。
② 仔细检查蒸发器表面有无破损、裂纹和变形等。若有，予以修理或更换，如图3-1-27所示。

图3-1-27 汽车空调蒸发器

4. 蒸发器的安装

按与拆卸相反的顺序安装蒸发器：
① 安装膨胀阀毛细管，要将毛细管安装到原位，并用绝热胶带将其包好。
② 要将蒸发器温度传感器重新装到原来的位置。
③ 确认无漏气之处。
④ 若更换新的蒸发器，则要添加制冷剂。
⑤ 安装后要确认无泄漏，抽真空，并加注制冷剂和检测空调系统的性能。

一、操作条件

① 设备：教学整车、车内三件套、车外三件套。
② 工具：歧管压力表组件、冷媒回收与充注机、博世专用工具。

二、安全及注意事项

① 在检查空调蒸发器时，需按规范操作，并做必要的安全防护，不能盲目拆卸蒸发器。
② 当打开车辆前舱盖或进入车辆底部时，不要盲目碰触高压导线及设备，避免触电危险。
③ 对所使用的纸质维修手册、电脑、车辆或举升机要及时规整复位，并对场地进行5S工作。

三、操作过程

序号	操作步骤	图解	操作方法及操作标准
1	准备车辆		【操作方法】 （1）安装翼子板布及前栅格布； （2）安装车轮挡块； （3）安装车内三件套 【操作标准】 翼子板布和前栅格布应居中放置，与车身接触的一侧必须无油污，车轮挡块必须紧靠车轮安装
2	拆下塑料护板		【操作方法】 打开塑料护板，找到蒸发器 【操作标准】 在打开塑料护板时，一定要小心拆解，以免破坏塑料护板
3	拆除空调滤清器外壳4颗螺钉		【操作方法】 用专用工具拆除空调的滤清器外壳的四颗螺钉 【操作标准】 一定使用相应大小的工具，以免拧坏螺钉
4	拆下空调滤芯并检查蒸发器		【操作方法】 检查蒸发器的使用情况，如果蒸发器有脏污则清洗
5	清洁空调蒸发器		【操作方法】 工作流程：开窗→开空调5min→关闭空调→喷空调清洗剂→开空调1min（外循环），风机将泡沫吹过（吸进）蒸发器，进入通风管（填充其空间）→关闭空调→静置10～15min→再喷至喷完→连续开空调10～15min，污垢从排水管排出→封口（无须水洗） 【操作标准】 做好隔绝电气设备措施，防止泡沫外溢；在蒸发器下装有音响设备或电脑板的车型，需在电气设备表面用干厚毛巾隔挡（凌志、风度等），防止泡沫外溢，而使其受潮短路

单元三 汽车空调系统维护

续表

序号	操作步骤	图解	操作方法及操作标准
6	安装空调蒸发器		【操作标准】 在安装时按照安装顺序操作,以免损坏蒸发器

【问题情境】小明家的雪佛兰轿车在空调工作时总是有异味存在,在咨询了维修师傅后知道需要清洁空调蒸发器,由于小明不知道蒸发器的位置在哪里,所以,小明无法清洗蒸发器,请根据所学结合车辆使用说明,帮小明找到蒸发器的位置在哪,并设计清洗蒸发器的步骤。

解决途径:查阅相关使用手册进行查找,根据教学内容设计清洗步骤。

四、学习结果评价

请根据表3-1-4,完成学习结果的自我评价。

表3-1-4 自我评价表

序号	评价内容	评价标准	评价结果(是/否)
1	知识与技能	能掌握蒸发器的工作原理	□是 □否
		能掌握蒸发器的结构组成	□是 □否
		能找到蒸发器的安装位置	□是 □否
		能掌握蒸发器的拆装步骤	□是 □否
		能检查并清洗蒸发器	□是 □否
2	安全与5S	能对场地进行安全检查	□是 □否
		能安全进行拆装	□是 □否
		能做好安全防护	□是 □否
		能遵守场地日常安全条例	□是 □否
		能使用工具、工位进行整理、复位、清扫	□是 □否
3	总评	能够满足下一步内容学习	□是 □否

课后作业

1.请准确描述蒸发器的作用。
2.请看作业2图,查阅丰田汽车维修手册并拆卸蒸发器。

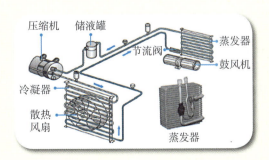

作业2图

项目二 过滤系统检查与维护

任务一 空调滤清器检查与维护

1. 掌握汽车空调过滤器的作用。
2. 掌握汽车空调的分类。
3. 掌握汽车空调滤清器的检查与更换的方法。

空调滤清器：俗称空调过滤器，其作用是过滤从外界进入车厢内部的空气使空气的洁净度提高，一般的过滤物质是指空气中所包含的杂质，微小颗粒物、花粉、细菌、工业废气和灰尘等。如图 3-2-1 所示。

空调滤清器的效果：空调滤清器能防止杂质，微小颗粒物、花粉、细菌、工业废气和灰尘破坏空调系统，给车内乘用人员良好的空气环境，保护车内人员的身体健康，并且还能防止玻璃雾化，如图 3-2-2 所示。

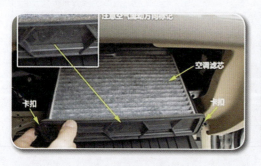

图 3-2-1 空调滤清器的作用

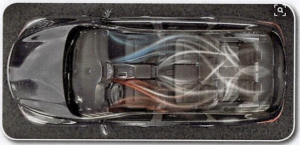

图 3-2-2 空调滤清器的效果

一、汽车空调滤清器的分类

空调滤清器一般分两类，普通型空调滤清器和活性炭系列空调滤清器。普通型空调滤清器，一般是由一种特定的环保过滤材料经过加工折叠后做成，多为白色单层，如图 3-2-3 所示。活性炭系列空调滤清器，是由两面非制造布（无纺布）复合中间夹有微小的颗粒活性炭做成的活性炭滤布，再深加工制作成空调滤清器，其结构和特点如图 3-2-4 所示。

普通型的空调滤清器就只能起到抑制灰尘和颗粒物进入的作用，活性炭系列空调滤清器，就能在空气经过阻流的很短时间段里利用颗粒活性炭本身的物理性能，吸附空气中其他的微小物和更多的有害物质。因此，活性炭系列空调滤清器的效果要比普通的滤清器好很多。

拆装空调滤清器

图 3-2-3　普通空调滤清器

图 3-2-4　活性炭空调滤清器

二、空调滤清器与空调系统的关系

根据空调滤清器和空调系统之间的关系，当发现空调系统有异常应综合考虑的因素有：

① 空调的挡位已经开到了够大，但是制冷或制热的出风量很小，若空调系统正常，原因可能为使用的空调滤清器通风效果差，或是空调滤清器使用时间过长，需及时更换，如图 3-2-5 所示是空调出风口的位置。

② 空调工作时吹出的风有异味，原因可能是空调系统已很久未使用，内部系统和空调滤清器因受潮发霉，建议清洗空调系统，更换空调滤清器。

图 3-2-5　空调出风口的位置

③ 即使刚更换了空调滤清器，开内循环也无法去除来自外界和内部的空气异味，原因可能是使用的是普通型空调滤清器，建议用活性炭系列的空调滤清器。

三、空调滤清器检查与维护的必要性

汽车空调系统在使用过程中，空气会在鼓风机、制冷系统蒸发箱、暖风系统的小水箱以及风道中流动。只要打开空调系统鼓风机或将进气模式选择在室内循环，不管是否使用制冷装置，空气都将进入上述系统，这些空气在循环过程中就会在上述装置的表面积累许多尘埃、水分、细菌及其他污垢物。日久天长，滋生出霉菌等细菌，发出异味，并会对人体呼吸系统及皮肤造成损害和过敏反应，直接影响健康，并且空调系统本身还会出现制冷效果差及出风量小等故障。在空调系统使用的过程中，灰尘和细菌会在空调滤清器上逐渐积累，当到达一定程度之后空调系统还将出现上述一系列故障，需要定期保养，才能保持良好的空气调节质量，如图 3-2-6 所示。

四、空调滤清器的清洁方法

如果滤清器很脏，则使用压缩空气自下而上进行清洁，使气枪与滤清器保持 5 cm，并以 500 kP 吹大约 2 min，如达不到清洁效果，则请汽车经销商进行清洁，如图 3-2-7 所示。

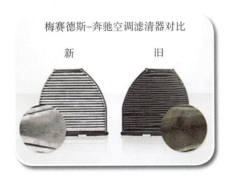
图 3-2-6　空调滤清器使用前与使用后的对比

图 3-2-7　空调滤清器的清洁

五、检查的时间间隔

按照保养计划检查并更换空调滤清器。在多尘或交通拥挤的地区，可能需要提前更换，如果通风口的气流明显减弱，滤清器可能堵塞。检查滤清器，如有必要则进行更换。为防止损坏系统，确保安装了滤清器，使用空调系统时如果不带滤清器可能会损坏系统，不要用水清洁滤清器。清洁或更换空调滤清器时，必须先关闭空调系统。汽车行业对空调滤清器的更换周期没有形成一致的说法，在空调滤芯保养手册上

笔记

是这样提示的：每更换2次机油，建议换一次空调滤芯（根据所在地区的空气质量酌情更换），或者根据行车电脑CBS的提示更换，如图3-2-8所示。

产品型号：XT-004
产品规格：300mm×250mm×30mm
产品结构：高效HEPA复合过纳米矿晶滤网
滤材等级：F7／F8／H10／H11／H12／H13／H14
活性炭：煤质炭、椰壳炭、改性炭、纳米矿晶等（选配）
胶线间距：50.8mm
适用范围：可根据客户提出的不同规格，不同材质，定做出各种空气过滤网，适用于各类空气净化器、汽车空调滤清器等。

图 3-2-8 空调滤清器的说明手册

六、如何选择好的空调滤清器

好的空调滤芯，就像给车子戴上一个口罩（图3-2-9），保护乘客的呼吸健康。空调滤芯还有另外的名字——微尘滤。它的使命是：过滤从外界进入车厢的空气，提高空气的洁净度。

现在市场上的空调滤清器类型和材质，都是取决于汽车配套出厂时所配置的原厂空调滤清器，说简单点就是哪款车出厂时里面装的是什么样的空调滤清器，那么售后市场配置的数量比较多的就是那种和出厂一样的空调滤清器，因为要考虑到消费者的接受程度。

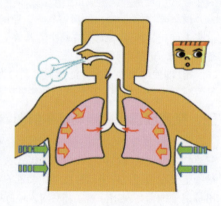

图 3-2-9 口罩的过滤作用

一、操作条件

① 设备：教学用车、车外三件套、车内三件套。
② 工具：一字起子、空调滤芯。

二、安全及注意事项

① 在进行操作时，需按规范安装车轮挡块，并做必要的安全防护，关闭点火开关，不能盲目进入车辆进行相关操作。
② 当打开车辆前舱盖时，不要盲目碰触高压导线及设备，避免触电危险。
③ 对所使用的纸质维修手册、电脑、车辆或车辆挡块、三件套要及时规整复位，并对场地进行5S工作。

三、操作过程

序号	操作步骤	图解	操作方法及操作标准
1	准备车辆		【操作方法】 （1）安装翼子板布及前栅格布； （2）安装车轮挡块； （3）安装车内三件套。 【操作标准】 翼子板布和前栅格布应居中放置，与车身接触的一侧必须无油污，车轮挡块必须紧靠车轮安装

续表

序号	操作步骤	图解	操作方法及操作标准
2	拆卸空调滤清器盖总成		【操作方法】 （1）关闭点火开关，让发动机熄火； （2）将副驾驶室的杂物箱拆下，露出空调滤清器盖总成； （3）拆下杂物箱，露出空调滤清器盖总成 【操作标准】 点火开关置于 OFF 位置，小心拆卸杂物箱，以免储物箱卡口折断
3	拆下滤清器盖罩		【操作方法】 拆下空调滤清器盖罩，取出空调滤清器滤芯 【操作标准】 在取下滤芯的过程中要双手均匀用力，以免拉坏滤芯
4	清洁滤芯		【操作方法】 用干净的抹布擦拭滤清器盖内、外部，同时检查滤清器壳体是否存在裂纹、变形或破损；检查滤芯污染程度并进行清洁； 擦拭空调滤清器盖，清洁滤芯 【操作标准】 清洁并检查滤清器的状况，如果滤清器在清洁后还能使用则进行清洁，否则更换滤清器

续表

序号	操作步骤	图解	操作方法及操作标准
5	安装滤清器		【操作方法】 （1）滤芯清洁完毕后，按与拆卸时相反的顺序将各部件安装好，检查滤清器盖罩松紧。必须将滤芯安装可靠，安装时保持干净，要避免油污造成滤芯的污染； （2）把滤芯放回空调滤清器盖内；注意滤芯安装方向； （3）检查滤清器盖罩松紧； （4）安装杂物箱 【操作标准】 （1）确保空调滤清器安装到位； （2）安装时注意滤清器的安装方向； （3）确保杂物箱安装牢固
6	检查空调排风量是否正常		【操作方法】 打开空调开关； 调节空调风速开关 【操作标准】 选用一个小的电风扇，观察电风扇的速度

【问题情境一】客户反映车辆空调工作时有异味，并且空调的出风量也不是很大，请根据所学知识与客户反映的情况写出造成此问题的可能原因。（尽可能全面列出可能存在的原因）如图 3-2-10 所示。

解决途径：根据空调滤清器的功用列出可能存在的问题。

【问题情境二】小明家的丰田卡罗拉汽车已经行驶了 50000 公里，现在需要做保养，请根据所学来帮助小明选择合适的空调滤清器，使汽车空调发挥它的净化效果，如图 3-2-11 所示。

解决途径：明确车型，查阅相关的维修手册。

图 3-2-10　汽车空调出风口

图 3-2-11　汽车空调的净化效果

单元三 汽车空调系统维护

四、学习结果评价

请根据表3-2-1，完成学习结果的自我评价。

表 3-2-1　自我评价表

序号	评价内容	评价标准	评价结果（是/否）
1	知识与技能	能掌握空调滤清器的作用	□是　□否
		能掌握空调滤清器的分类	□是　□否
		能进行空调滤清器的检查、清洁与更换	□是　□否
		能掌握空调滤清器的拆卸与安装的步骤和注意事项	□是　□否
		能根据所学内容解决车辆相关故障	□是　□否
2	安全与5S	能对场地进行安全检查	□是　□否
		能安全启动车辆	□是　□否
		能做好安全防护	□是　□否
		能遵守场地日常安全条例	□是　□否
		能使用工具、工位进行整理、复位、清扫	□是　□否
3	总评	能够满足下一步内容学习	□是　□否

1. 根据作业1图所示，写出空调滤清器的作用。

作业1图

2. 请看作业2图，请选一辆教学用车完成空调滤清器的检查与更换，并用手机拍摄操作过程。

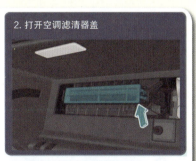
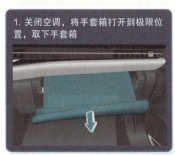
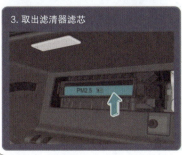

作业2图

任务二　空调管路检查与维护

学习目标

1. 能进行空调管路的检查与维护。
2. 能判断空调高低压管路中压力是否正常。
3. 能判断空调管路中制冷剂量是否泄漏。

核心概念

空调管路：空调系统的各部件之间通过空调软管和管道相连，使得制冷剂可以流经整个空调系统。
制冷剂：制冷循环当中传热的载体，通过状态变化吸收和放出热量。

基本知识

一、空调管路

空调管路主要有两根，分别是高压管路和低压管路。低压管路是从蒸发器到压缩机，高压管路是从压缩机到冷凝器，再从冷凝器到蒸发器。还可以根据粗细来区分：粗的是低压管路，细的是高压管路，如图3-2-12所示。一般加注口上有标示，L是低压，H是高压。如果将汽车发动，打开空调，然后用手摸空调管路，凉的是低压管路，热的是高压管路。

二、空调压力表的使用

用空调压力表能够测量制冷循环系统中的高压压力和低压压力。蓝色软管是低压侧，红色软管是高压侧，如图3-2-13所示。高压手动阀（HI）和低压手动阀（LO）同时关闭，可对高、低压侧压力进行检测。高压侧和低压侧都过低则表示制冷剂量不足、制冷剂泄漏。

三、电子检漏仪的使用

电子检漏仪（图3-2-14）用闪烁灯和蜂鸣器检查制冷剂的泄漏，探头吸收任何漏出的制冷剂，如发现制冷剂时，检漏仪即发出声响报警或发出闪烁光。越靠近泄漏区域，闪烁和蜂鸣的间隔越短，提高灵敏度将能检测到轻微的泄漏。

电子检漏仪的使用方法：
① 将电源开关调至ON位置；
② 预热约5min后使用；
③ 探测可疑部位，如有泄漏就会发出报警。

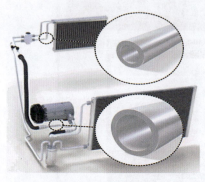

图3-2-12　空调管路

图3-2-13　空调压力表

图3-2-14　电子检漏仪

单元三 汽车空调系统维护

笔记

一、操作条件

① 设备：整车、工作台、检漏仪、空调压力表。
② 工具：地板垫、座椅套、转向盘套、翼子板布、前格栅布、车轮挡块、抹布若干、护目镜、橡胶手套。

二、安全及注意事项

① 当打开车辆前舱盖或进入车辆底部时，不要盲目碰触高压导线及设备，避免触电危险。
② 不要用压缩空气吹气的方法来清洁管子。
③ 在检漏和测量管路压力时要戴好护目镜和防护手套，防止工作时制冷剂接触到眼睛或皮肤。
④ 对所使用的纸质维修手册、电脑、车辆或举升机要及时规整复位，并对场地进行5S工作。

三、操作过程

序号	操作步骤	图解	操作方法及操作标准
1	准备工作		【操作标准】 工具要齐全，摆放要整齐
2	车辆安全防护		【操作方法】 （1）安装车轮挡块，安装车内防护； （2）拉起驻车制动杆，降下驾驶员侧车窗玻璃，拉发动机舱盖释放杆； （3）打开发动机舱盖，安装翼子板布和前格栅布 【操作标准】 防护到位
3	空调管路外观检查		【操作方法】 （1）检查管路接头处有无松动； （2）检查管路有无凹陷、弯曲变形、损伤； （3）检查管路是否脏污 【操作标准】 检查时可轻微晃动管路
4	检查空调管路压力		【操作方法】 （1）完全关闭空调压力表低压侧和高压侧的阀门； （2）把快速接头接到汽车上的空调管路阀门上并滑动，直到听到"咔嗒"声； （3）发动发动机，在空调运行时检查空调压力表上所显示的压力； （4）读出的高压侧和低压侧的压力值 【操作标准】 压力表不要放置在发动机上； 连接软管时不要装反，不要弄弯管道； 不要把任何东西连接到歧管仪表的中部
5	检查空调管路泄漏		【操作方法】 （1）将点火开关关闭后，使用电子检漏仪检查制冷剂是否渗漏； （2）把检测仪器置于高低压管路连接部位 【操作标准】 把检测仪器置于管道较低一侧，并随管道进行移动

107

笔记

续表

序号	操作步骤	图解	操作方法及操作标准
6	车辆、工具复位		【操作方法】 （1）取下空调压力表； （2）取下车内防护用品； （3）车辆复位，清洁车身； （4）清洁并整理工具 【操作标准】 先拆快速接头。严格执行5S操作

【问题情境】在日常维护保养中，检测到制冷剂不足，如图3-2-15所示，制冷剂不足会有什么影响？

解决途径：根据制冷剂的作用来分析问题。

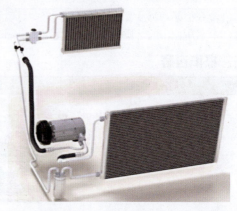

图 3-2-15　汽车空调制冷系统

四、学习结果评价

请根据表3-2-2，完成学习结果的自我评价。

表 3-2-2　自我评价表

序号	评价内容	评价标准	评价结果（是/否）
1	知识与技能	能找到汽车上高低压管路	□是　□否
		能进行管路的外观检查	□是　□否
		能正确进行空调压力表的连接	□是　□否
		能正确读出空调压力表的读数	□是　□否
		能通过管路压力值判断是否泄漏	□是　□否
		能正确操作电子检漏仪	□是　□否
2	安全与5S	能对场地进行安全检查	□是　□否
		能安全操作汽车	□是　□否
		能做好安全防护	□是　□否
		能遵守场地日常安全条例	□是　□否
		能使用工具、工位进行整理、复位、清扫	□是　□否
3	总评	能够满足下一步内容学习	□是　□否

课后作业

1. 在日常维护保养中，除了使用电子检漏仪检查制冷剂的泄漏还可以用什么方法检查？
2. 空调制冷剂对环境有什么影响？

单元四　汽车发动机维护

项目一　基本检查与维护

任务一　空气滤清器检查与维护

学习目标

1. 能理解空气滤清器的功用。
2. 能正确清洁和更换空气滤清器滤芯。

核心概念

空气滤清器：发动机进气系统的过滤器，它能防止泥沙、灰尘等杂质进入汽缸，避免发动机的异常磨损。

基本知识

一、空气滤清器安装位置

空气滤清器一般位于发动机舱内，在发动机进气管的前端，进气总管一般是塑料软管，管道直径较大。它装在前端进气软管的塑料盒内（图 4-1-1）。

二、空气滤清器的认识

① 空气滤清器的构造，如图 4-1-2 所示。

② 空气滤清器按结构形式分有干式和湿式的。目前应用最广泛的汽车用空气滤清器是纸质干式空气滤清器。其滤芯采用经过树脂处理的微孔滤纸制成，滤纸多孔、疏松、折叠，有一定的机械强度和抗水性，具有滤清效率高、结构简单、重量轻、成本低、保养方便等优点。

图 4-1-1　空气滤清器安装位置

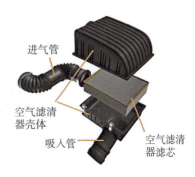

图 4-1-2　空气滤清器构造

空气滤清器检查与更换

109

三、空气滤清器的检查

必须定期检查和清洁空气滤清器滤芯，脏污或受潮发霉的滤芯必须及时更换，如图 4-1-3 所示。

建议：清洁间隔是 3000 km 或 3 个月；更换间隔是 10000～20000km 或 1～2 年。

图 4-1-3 空气滤清器检查

一、操作条件

① 设备：整车、工作台、空气压缩机。
② 工具：地板垫、座椅套、转向盘套、翼子板布、前格栅布、车轮挡块、吹枪、抹布若干。

二、安全及注意事项

① 当打开车辆前舱盖或进入车辆底部时，不要盲目碰触高压导线及设备，避免触电危险。
② 在清洁空气滤清器壳体时，不能用压缩空气直接吹洗，避免灰尘被直接吹入进气管。注意滤芯安装的方位，壳体应安装到位，保持密封状态。
③ 对所使用的纸质维修手册、电脑、车辆或举升机要及时规整复位，并对场地进行 5S 工作。

三、操作过程

序号	操作步骤	图解	操作方法及操作标准
1	准备工作		【操作标准】 工具要齐全，摆放要整齐
2	车辆安全防护		【操作方法】 （1）安装车轮挡块，安装车内防护； （2）拉起驻车制动杆，降下驾驶员侧车窗玻璃，拉发动机舱盖释放杆； （3）打开发动机舱盖，安装翼子板布和前格栅布 【操作标准】 防护到位
3	清洁空气滤清器壳体		【操作方法】 用干净的抹布擦拭空气滤清器壳体内部

续表

序号	操作步骤	图解	操作方法及操作标准
4	清洁或更换空气滤芯		【操作方法】 清洁空气滤清器芯，只要将灰尘吹掉或擦拭即可，积灰过多则需要更换 【操作标准】 更换时需采用同型号的滤芯，注意滤芯安装方向
5	检查进气管		【操作方法】 检查与进气管连接的真空管、曲轴箱通风管等管路的安装情况及有无破损
6	车辆、工具复位		【操作方法】 （1）取下车内、外防护用品； （2）车辆复位，清洁车身； （3）清洁并整理工具 【操作标准】 严格执行5S操作

【问题情境一】如果汽车行驶中使用过脏的空气滤清器滤芯，对汽车发动机会有什么影响？

解决途径：根据空气滤清器的作用来分析。

【问题情境二】空气滤清器脏了，可以用水清洗晾干再用吗？

解决途径：从空气滤清器的作用和材质来考虑。

四、学习结果评价

请根据表4-1-1，完成学习结果的自我评价。

表4-1-1 自我评价表

序号	评价内容	评价标准	评价结果（是/否）
1	知识与技能	能找到空气滤清器	□是 □否
		能拆下空气滤清器滤芯	□是 □否
		能正确判断空气滤清器使用状况	□是 □否
		能清洁空气滤清器	□是 □否
		能知道空气滤清器安装方向	□是 □否
		能准确安装空气滤清器滤芯	□是 □否
2	安全与5S	能对场地进行安全检查	□是 □否
		能安全操作汽车	□是 □否
		能做好安全防护	□是 □否
		能遵守场地日常安全条例	□是 □否
		能使用工具、工位进行整理、复位、清扫	□是 □否
3	总评	能够满足下一步内容学习	□是 □否

课后作业

1. 有些车辆标配空气过滤指示器，如作业1图，那么它有什么作用？
2. 请看作业2图，干式空气滤清器的滤芯为什么是折叠的？

作业1图　　　　　　　　　作业2图

任务二　机油及机油滤清器检查与更换

学习目标

1. 能掌握机油的功用和分类。
2. 掌握机油检查与更换操作的方法。
3. 能掌握机油滤清器的检查与更换。

核心概念

机油：发动机润滑油，被誉为汽车的"血液"，能对发动机起到润滑、清洁、冷却、密封、减磨、防锈、防蚀等作用。

机油滤清器：又称机油格。机油滤清器用于去除机油中的灰尘、金属颗粒、碳沉淀物和煤烟颗粒等杂质，保护发动机。

基本知识

一、机油分类与功用

1. 机油的分类

（1）质量等级分类　我国参照API质量等级分类法（图4-1-4），并结合国内发动机制造业实际情况和润滑油生产质量，制定了国家标准GB/T 28772—2012，将机油分为汽油机系列（S系列）和柴油机系列（C系列），每个系列又分为若干等级，与API质量等级分类法相似，具体机油质量等级对照见表4-1-2。

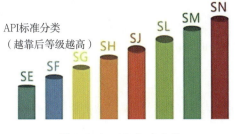

图 4-1-4　API 标准分类

表 4-1-2　国内外机油质量等级对照

国内分类	API分类	国内分类	API分类
	SC≠SC		SF = SF
	SD≠SD		CC = CC
	SE≠SE		CD = CD

（2）黏度等级分类　我国采用国际通用的 SAE 黏度分类法，制定了国家标准 GB/T 14906—2018，黏度等级如图 4-1-5 所示。

选择机油的牌号时，必须按车辆发动机的工作条件来选择相应质量等级的机油；必须按车辆使用环境温度来选择相应黏度等级的机油。

2. 机油功用

机油能起到如下作用：

① 润滑作用：在发动机内部摩擦表面形成油膜，减少机件间的磨损。

② 清洁作用：机油在循环工作时，冲刷零件表面的污垢、磨粒和杂质等，从而避免形成沉积物。

③ 密封作用：利用油膜可以增强活塞环与汽缸壁之间的密封性，减少气流的损失。

④ 防锈作用：在金属表面形成油膜可以防止零件生锈。

⑤ 冷却作用：机油在工作时可以吸收那些不容易被冷却的区域上的热量，如活塞及其他相互接触的表面，具有辅助冷却效果。

图 4-1-5　机油黏度等级

⑥ 液压作用：机油能兼做液压油，如液压挺柱，起到传递压力的作用。

二、机油检查与更换

发动机机油使用后会变脏、变黑，如图 4-1-6 所示。机油性能降低，造成发动机润滑不良，磨损加剧，动力性能下降，所以机油必须定期检查及更换。

检查间隔：每 2 000 km 或 3 个月；更换间隔：一般为 5 000～7 500 km 或 6 个月。

发动机机油在正常情况下使用也会有轻微的损耗，而机油的液位必须在一个合理范围内，所以机油需定期检查和补给，如图 4-1-7 所示。

图 4-1-6　新旧机油对比

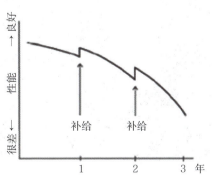

图 4-1-7　机油补给

放机油

加机油

测机油量

1. 机油液位检查

为保证机油对发动机有良好的润滑效果，机油的液位必须在机油尺的规定刻度（图4-1-8）。如发现机油液位偏低，需及时补充机油至标准液位，并找出原因；如机油液位偏高，也是不正确的，需适当减少至标准液位。

2. 机油更换

车辆在使用过程中，机油需定期更换（图4-1-9），如车辆长时间在恶劣环境或较大负荷条件下工作，需缩短更换机油的周期；如发现机油已经明显变质，也需及时更换。

更换机油时，要注意保护环境，不能随意排放，将其收集并按规定处理；必须同时更换机油滤清器，安装时需应用新机油涂抹其密封垫圈；当放出的机油较脏时，应清洁发动机润滑油道。

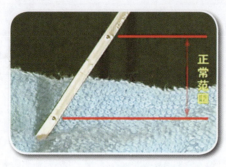

图 4-1-8 机油正常液位

图 4-1-9 更换机油

三、机油滤清器分类与功用

1. 机油滤清器分类

机油滤清器，又称机油格。机油滤清器有全流式与分流式之分。全流式滤清器串联于机油泵和主油道之间，因此能滤清进入主油道的全部润滑油。分流式清器与主油道并联，仅过滤机油泵送出的部分润滑油。

2. 机油滤清器功用

机油滤清器用于去除机油中的灰尘、金属颗粒、碳沉淀物和煤烟颗粒等杂质，保护发动机。

四、机油滤清器检查与更换

1. 机油滤清器检查

需要检查机油滤清器（图4-1-10）表面有无渗漏。

2. 机油滤清器更换

建议车辆每行驶5000km更换机油及机油滤清器，行驶里程较少的车辆建议每6个月更换，需要使用机油滤清器专用工具（图4-1-11）进行更换。

换机滤

图 4-1-10 机油滤清器

图 4-1-11 机油滤清器专用工具

 能力训练

一、操作条件

① 设备：整车、工作台、机油回收罐、废弃抽排装置。
② 工具：车轮挡块、地板垫、座椅套、转向盘套、翼子板布、前格栅布、机油滤清器专用扳手、成套世达工具、扭矩扳手、手电筒、橡胶手套、抹布若干。

二、安全及注意事项

① 按规范操作举升机，并做必要的安全防护，不能盲目举车或进入车底。
② 当打开车辆前舱盖或进入车辆底部时，不要盲目碰触高压导线及设备，避免触电危险。
③ 对所使用的纸质维修手册、电脑、车辆或举升机要及时规整复位，并对场地进行5S工作。

三、操作过程

序号	操作步骤	图解	操作方法及操作标准
1	工具准备		【操作标准】 工具要齐全，摆放要整齐
2	车辆防护		【操作方法】 (1) 装车轮挡块，接排气烟道； (2) 安装车内防护； (3) 拉驻车制动杆，降下驾驶员侧车窗玻璃，拉发动机舱盖释放杆； (4) 打开发动机舱盖，安装翼子板布和前格栅布
3	检查机油液位		【操作方法】 (1) 取出机油刻度尺，用抹布擦拭干净； (2) 将机油刻度尺插入原位； (3) 再拔出刻度尺，查看机油的液位。 【操作标准】 机油刻度尺应装复到位
4	拆下机油加注口盖		【操作方法】 拆下机油加注口盖，并用干净的布遮住

续表

序号	操作步骤	图解	操作方法及操作标准
5	准备机油回收罐		【操作方法】 （1）将车辆举升至适当高度； （2）机油回收罐放在油底壳下方 【操作标准】 确认机油回收罐阀在机油排放状态
6	排放机油		【操作方法】 （1）用套筒松开机油排放塞； （2）用手小心旋下，排放机油 【操作标准】 最好带橡胶手套，避免被高温机油烫伤
7	更换机油滤清器		【操作方法】 （1）用专用工具拆卸机油滤清器； （2）在新机油滤清器的密封圈上涂一层新机油； （3）用手将新机油滤清器拧紧到位； （4）用专用工具将机油滤清器按规定扭矩拧紧，或拧紧3/4圈
8	安装机油排放塞		【操作方法】 （1）等旧机油放尽后，更换放油螺栓垫片； （2）用手将排放塞拧紧到位； （3）再将其按规定扭矩拧紧
9	加注机油		【操作方法】 （1）降下车辆； （2）加注适量的新机油； （3）通过机油尺检查机油液位，加注至规定刻度范围内； （4）拧紧机油加注口盖
10	复查机油		【操作方法】 （1）接排气烟道； （2）启动发动机，运行几分钟； （3）熄火后复检加油液位； （4）检查机油滤清器及排放塞是否有渗漏

序号	操作步骤	图解	操作方法及操作标准
11	车辆工具车复位		【操作方法】 （1）发动机熄火，取下排气烟道； （2）取下车内、外防护用品； （3）车辆复位，清洁车身； （4）清洁并整理工具 【操作标准】 在操作过程中严格执行5S操作

【问题情境一】家在黑龙江省的洪某，一直搞不清冬天来了，该给自己的爱车添加什么机油，如图4-1-12所示。你能给她合理的建议吗？

解决途径：SAE按照不同的黏度等级，将机油分为冬季机油和非冬季机油两类。冬季用机油有6种牌号：SAE0W、SAE5W、SAE10W、SAE15W、SAE20W和SAE25W；非冬季用机油有4种牌号：SAE20、SAE30、SAE40和SAE50。

图4-1-12　添加机油

【问题情境二】学了机油的检查与更换后，你将家里爱车按规范操作拔出机油尺做检查，结果发现机油有点黑了，是不是该换了呢？

解决途径：机油品质常用的检查方法是，将机油滴在纸巾上观察，若果油滴整体混有淤渣并呈黑色，说明机油变质，应更换机油和机油滤清器；如果油滴中心有淤渣，但周围扩散的机油呈透明状，则机油可以继续使用。

四、学习结果评价

请根据表4-1-3，完成学习结果的自我评价。

表4-1-3　自我评价表

序号	评价内容	评价标准	评价结果（是/否）
1	知识与技能	能掌握机油的功用与分类	□是　□否
		能正确进行机油的检查与更换操作	□是　□否
		能正确进行机油滤清器的检查与更换操作	□是　□否
2	安全与5S	能对场地进行安全检查	□是　□否
		能安全操作举升机	□是　□否
		能做好安全防护	□是　□否
		能遵守场地日常安全条例	□是　□否
		能使用工具、工位进行整理、复位、清扫	□是　□否
3	总评	能够满足下一步内容学习	□是　□否

1.机油是有机溶剂，有一天你不小心将机油洒在了皮肤上，你能用汽油或溶剂作为清洁品吗？该用什么清洗呢？

2.你的叔叔家住市区，离上班地点也很近，你会建议他多久更换机油和机油滤清器呢？

任务三　油底壳检查与维护

1. 了解油底壳结构。
2. 掌握油底壳功用。
3. 掌握油底壳检查与维护的方法。

油底壳：曲轴箱的下半部，又称为下曲轴箱。作用是封闭曲轴箱作为储油槽的外壳，防止杂质进入，收集并储存由柴油机各摩擦表面流回的润滑油，散去部分热量，防止润滑油氧化。

一、油底壳结构

油底壳一般用钢板冲压成型，如图4-1-13（a）所示；有的直接用铝合金浇铸成型，如图4-1-13（b）所示。

（a）钢板油底壳

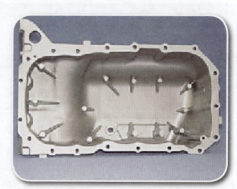

（b）铝合金油底壳

图4-1-13　油底壳

油底壳的内部结构有所不同，可分为无阻隔形和有阻隔形，如图4-1-14所示。

图4-1-14 无阻隔形油底壳和有阻隔形油底壳

二、油底壳功用

油底壳用来储存发动机润滑油，并封闭曲轴箱。发动机润滑系统的结构，如图4-1-15所示。

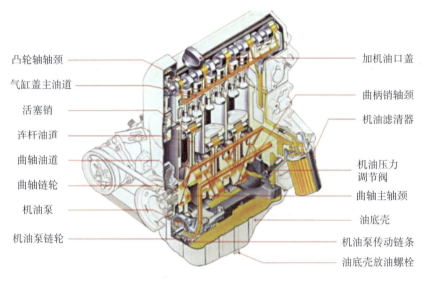

图4-1-15 发动机润滑系统结构简图

三、油底壳重要性

油底壳损坏后，发动机润滑油将泄漏，污染环境，发动机无法正常润滑，使零件磨损加剧，甚至造成活塞拉缸。

四、油底壳检查与维护

1. 外观状况检查

如图4-1-16所示，检查油底壳有无明显变形和裂纹，是否破损。

2. 安装状况检查

检查油底壳与汽缸体结合处有无渗漏；检查机油排放塞有无渗漏；检查机油滤清器有无渗漏；检查曲轴箱前后油封是否渗漏。

作业时，应避免皮肤外露，戴好手套，注意安全，防止烫伤。

图4-1-16 油底壳检查

一、操作条件

① 设备：整车、工作台、举升机。
② 工具：车轮挡块、地板垫、座椅套、转向盘套、翼子板布、前格栅布、手电筒、手套、抹布若干。

二、安全及注意事项

① 需按规范操作举升机，并做必要的安全防护，不能盲目举车或进入车底。
② 当打开车辆前舱盖或进入车辆底部时，不要盲目碰触高压导线及设备，避免触电危险。
③ 对所使用的纸质维修手册、电脑、车辆或举升机要及时规整复位，并对场地进行 5S 工作。

三、操作过程

序号	操作步骤	图解	操作方法及操作标准
1	工具准备		【操作标准】 工具要齐全，摆放要整齐
2	车辆防护		【操作方法】 (1) 装车轮挡块，接排气烟道； (2) 安装车内防护； (3) 拉驻车制动杆，降下驾驶员侧车窗玻璃，拉发动机舱盖释放杆； (4) 打开发动机舱盖，安装翼子板布和前格栅布
3	检查油底壳外观		【操作方法】 (1) 将车辆升至适当高度； (2) 检查油底壳是否有明显变形和裂纹，有无渗漏； (3) 检查油底壳与汽缸体结合处、曲轴箱前后油封有无渗漏 【操作标准】 戴好手套，防止烫伤
4	检查机油排放塞		【操作方法】 检查机油排放塞有无渗漏

序号	操作步骤	图解	操作方法及操作标准
5	车辆工具车复位		【操作方法】 （1）发动机熄火，取下排气烟道； （2）取下车内、外防护用品； （3）车辆复位，清洁车身； （4）清洁并整理工具 【操作标准】 在操作过程中严格执行5S工作

【问题情境一】驾驶习惯并没有变，结果发现最近机油量消耗快很多，怀疑是油底壳漏油，如图4-1-17所示。怎么进行简单的判断？现实中造成油底壳漏油的具体原因有哪些？

解决途径：判断油底壳漏油的方法：先检查发动机的机油量，再查看油底壳位置或底板是否有油迹。

油底壳漏油的原因：油底壳密封垫损坏，油底壳紧固螺栓未拧紧或滑牙等。

【问题情境二】小明在过年期间满载家人去滑雪场滑雪，走山路的时候开得比较快。转弯的时候正好碰到一个落石，紧急避让已经来不及了，于是只能硬着头皮开过去，结果油底壳蹭出了大坑，如图4-1-18所示，该怎么办？

解决途径：油底壳漏油后果轻则机油消耗增大，让底盘变脏，重则发动机缺少机油造成润滑不良，甚至车子需要大修，所以当油底壳有问题要及早维修。

图 4-1-17 油底壳漏油

图 4-1-18 油底壳大坑

四、学习结果评价

请根据表4-1-4，完成学习结果的自我评价。

表 4-1-4 自我评价表

序号	评价内容	评价标准	评价结果（是/否）
1	知识与技能	能了解油底壳的结构	□是 □否
		能理解油底壳的功用	□是 □否
		能正确进行油底壳的检查与维护	□是 □否
2	安全与5S	能对场地进行安全检查	□是 □否
		能安全操作举升机	□是 □否
		能做好安全防护	□是 □否
		能遵守场地日常安全条例	□是 □否
		能使用工具、工位进行整理、复位、清扫	□是 □否
3	总评	能够满足下一步内容学习	□是 □否

1. 汽车底盘受到剐蹭之后，油底壳有漏油，你觉得通过底盘装甲避免剐蹭可行吗？
2. 你有没有观察过自己的爱车，油底壳是用密封胶还是密封垫圈进行密封？

任务四　冷却液及其管路检查与维护

1. 了解冷却液的功用。
2. 掌握冷却液的检查与更换的方法。
3. 掌握冷却系统管路的检查与维护的方法。

冷却系统：使发动机在所有工况下都保持在适当温度范围内的系统。冷却系统既要防止发动机过热，也要防止冬季发动机过冷。如图 4-1-19 所示。

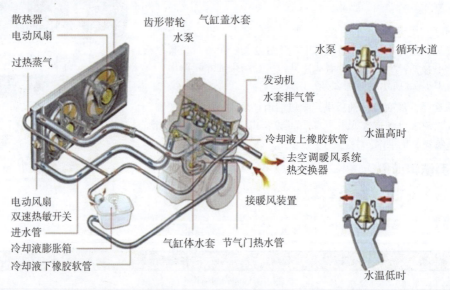

图 4-1-19　汽车冷却系统

强制风冷：是通过风扇强制将外部空气吹到发动机上进行冷却的冷却方式。如图 4-1-20 所示。

机油冷却：简称油冷，也可以对发动机进行冷却。油冷系统通常与风冷和液冷结合工作。如图 4-1-21 所示。

冷却液：是汽车发动机不可缺少的一部分。它在发动机冷却系统中循环流动，将发动机工作中产生的多余热能带走，使发动机能以正常工作温度运转。如图 4-1-22 所示。

冷却液管路：为冷却液提供循环流动的通道，来保证冷却系统正常工作。

　　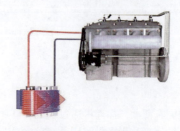　　

图 4-1-20　强制风冷　　　　图 4-1-21　机油冷却　　　　图 4-1-22　汽车冷却液

基本知识

一、汽车冷却液的类型

发动机的冷却液中应加入防冻剂制成防冻液。现在广泛使用长效防冻液,由乙二醇与水混合而成,其最佳混合比为1∶1,有些车辆使用自身品牌的专用防冻液。如图4-1-23所示。

二、汽车冷却液的作用

冷却液在发动机冷却系统中循环流动,将发动机工作中产生的多余热能带走,使发动机能以正常工作温度运转。冷却液中一般加有防冻剂,主要能降低冰点,另有防腐、防沸、防垢等作用。如图4-1-24所示。

三、冷却液管路重要性

橡胶软管,在使用中会老化、开裂。如发生冷却液泄漏,冷却液将减少,发动机散热效果变差,水温升高,发动机过热。如图4-1-25所示。

图4-1-23 汽车冷却液

图4-1-24 汽车冷却液的作用

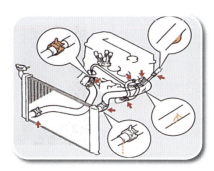

图4-1-25 汽车冷却管路

冷却液液面高度及其管路检查

能力训练

一、操作条件

① 设备:教学用车、举升机、废液回收盆、废气抽排装置。
② 工具:车轮挡块、地板垫、座椅套、转向盘套、翼子板布、前格栅布、手电筒、冰点检测仪、手套、抹布若干。

二、安全及注意事项

① 在举升车辆时,需按规范操作举升机,并做必要的安全防护,不能盲目举车或进入车底。
② 对所使用的纸质维修手册、电脑、车辆或举升机要及时规整复位,并对场地进行5S工作。

三、操作过程

序号	操作步骤	图解	操作方法及操作标准
1	工具准备		【操作方法】 (1)实操所需工具,如左图; (2)工具要齐全,摆放要整齐

续表

序号	操作步骤	图解	操作方法及操作标准
2	车辆防护与预检		【操作方法】 (1) 装车轮挡块，接排气烟道； (2) 安装车内防护； (3) 拉起驻车制动杆，降下驾驶员侧车窗玻璃，拉发动机舱盖释放杆； (4) 打开发动机舱盖，安装翼子板布和前格栅布 【操作标准】 车轮挡块，烟道安装要到位，手刹务必拉到位，确保车辆稳定
3	检查冷却液液位		【操作方法】 检查副水箱的液位是否处于规定的范围内 【操作标准】 检查液位是否在规定范围内，如果不在规定范围内，应加注冷却液至合适范围内
4	冰点检测仪校零		【操作方法】 (1) 取出冰点检测仪，清洁； (2) 用蒸馏水进行校零 【操作标准】 校零务必要准确，以免引起误差
5	冷却液冰点检测		【操作方法】 (1) 打开副水箱盖； (2) 用塑料吸管取出少量冷却液； (3) 测量冷却液冰点，读出数值并记录； (4) 清洗吸管和冰点检测仪 【操作标准】 读数一定要准确。及时清洁冰点检测仪
6	发动机舱内冷却管路检查		【操作方法】 (1) 启动发动机，并进行暖机； (2) 检查橡胶软管是否有裂纹、凸起和老化； (3) 检查管路连接是否可靠，是否有泄漏； (4) 检查卡箍安装是否有松动 【操作标准】 橡胶软管是否有裂纹、凸起和老化；检查管路连接是否可靠，是否有泄漏；检查卡箍安装是否有松动。如有则进行维修或者更换
7	车辆底部冷却管路检查		【操作方法】 (1) 熄火，取下排气烟道； (2) 将车辆举升至适当高度； (3) 检查冷却管路连接是否可靠，是否有泄漏 【操作标准】 确认车辆稳定情况，检查管路是否有泄漏，有则进行维修或者更换

续表

序号	操作步骤	图解	操作方法及操作标准
8	车辆、工具复位		【操作方法】 (1) 降下车辆； (2) 取下车内、外防护用品； (3) 车辆复位，清洁车身； (4) 清洁并整理工具 【操作标准】 车辆复位，清洁车身，清洁并整理工具

【问题情境一】

一辆桑塔纳 2000 轿车，在城市道路行驶中，水温表指示冷却液温度过高，在高速行驶过程中没有此类现象。维修人员怀疑是冷却系统的问题，询问车主得知，购车三年来没有更换过一次冷却液，维修人员为车主更换冷却液后故障症状消失。维修人员是如何发现问题的？

解决途径：首先要知道仪表板指示灯的含义，其次要知道信号灯亮起时所表示的意义。

【问题情境二】小明家的车已经行驶了很久且没有进行日常保养，有一天水温指示灯突然亮起，请问亮起的信号灯是哪个，当此信号灯亮起时，我们应该这么做？

解决途径：首先要知道仪表板指示灯（图 4-1-26）的含义，其次要知道信号灯亮起时所表示的意义以及相关解决方案。

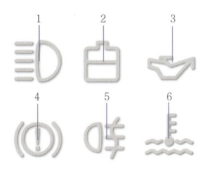

图 4-1-26　汽车仪表板

四、学习结果评价

请根据表 4-1-5，完成学习结果的自我评价。

表 4-1-5　自我评价表

序号	评价内容	评价标准	评价结果（是/否）
1	知识与技能	能区分仪表板水温信号灯	□是　□否
		能掌握仪表板水温信号灯所表达含义	□是　□否
		能进行冷却液的检查与维护	□是　□否
		能掌握冷却管路的检查与维护	□是　□否
		能根据所学内容解决车辆相关故障	□是　□否
2	安全与5S	能对场地进行安全检查	□是　□否
		能安全启动车辆	□是　□否
		能做好安全防护	□是　□否
		能遵守场地日常安全条例	□是　□否
		能使用工具、工位进行整理、复位、清扫	□是　□否
3	总评	能够满足下一步内容学习	□是　□否

汽车维护与保养

1. 请标记出图 4-1-26 中哪个符号与车辆冷却系统有关。
2. 请看作业 2 图，图中警告灯 1 亮起，请问可能的原因是什么（尽可能从多个角度分析）。

作业 2 图

任务五　散热器盖检查与维护

1. 掌握散热器盖结构和功用。
2. 掌握散热器盖的维护项目。
3. 能对散热器盖进行检查维护。

散热器盖：使发动机冷却系统相对密封，保持系统在一个较高压力范围内工作，从而提高冷却液的沸点。

压力水箱盖：冷却系统中液体的温度升高时，液体发生膨胀，导致压力增加。压力水箱盖是释放压力的唯一出口，因此盖子上弹簧的设置决定了冷却系统的最大压力。当压力达到 1.05kgf/cm³ 时，压力阀会被冲开，使冷却液从冷却系统中流出。冷却液经溢流管进入溢流箱的底部。如图 4-1-27 所示。

图 4-1-27　压力水箱盖

一、散热器盖的结构

上面有两个自动阀，即空气阀和蒸汽阀。如图 4-1-28 所示。

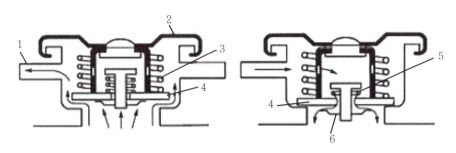

（a）压力阀开启　　　　　　（b）真空阀开启

图 4-1-28　散热器的结构

1- 溢流管；2- 盖；3- 压力阀弹簧；4- 压力阀；5- 真空阀弹簧；6- 真空阀

二、散热器盖的工作原理

水箱盖本身带有一个压力阀门，它的工作原理和家用压力锅相似。目的是增加容器内的压力来达到高效率和高温的冷却效果。水箱盖的工作原理是当汽车在运行时，冷却液温度升高，水箱内压力增加，当压力到达一定程度的时候，压力阀门被压力顶开，那么冲出来的冷却液就会流入旁边的溢水箱。然后当汽车停止工作时，冷却液温度降低，水箱内压力降低，真空阀被打开，溢水箱内的冷却液会回流到水箱，防止水箱被大气压力压变形。如图 4-1-29 所示。

三、散热器盖重要性

散热器盖损坏后将造成冷却液泄漏，系统压力不能升高，冷却液沸点降低，容易沸腾产生水泡，俗称"开锅"现象；另外使发动机过热，输出动力下降，油耗升高，严重的情况可能导致发动机"卡死"。

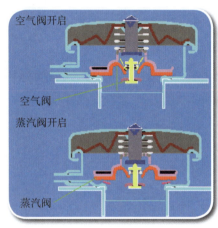

图 4-1-29　散热器盖的工作原理

水箱盖的打开和检查

一、操作条件

① 设备：丰田卡罗拉教学用车、工作台。

② 工具：车轮挡块、地板垫、座椅套、转向盘套、翼子板布、前格栅布、手电筒、散热器盖检测仪、手套、抹布若干。

二、安全及注意事项

① 在打开散热器盖时，需确认水箱温度，并做必要的安全防护。

② 当打开车辆前舱盖或进入车辆底部时，不要盲目碰触高压导线及设备，避免触电危险。

③ 对所使用的纸质维修手册、电脑、车辆或举升机要及时规整复位，并对场地进行 5S 工作。

三、操作过程

序号	操作步骤	图解	操作方法及操作标准
1	工具准备		【操作方法】 （1）实操所需工具，如左图； （2）工具要齐全，摆放要整齐

续表

序号	操作步骤	图解	操作方法及操作标准
2	车辆防护与预检		【操作方法】 （1）装车轮挡块，接排气烟道； （2）安装车内防护； （3）拉起驻车制动杆，降下驾驶员侧车窗玻璃，拉发动机舱盖释放杆； （4）打开发动机舱盖，安装翼子板布和前格栅布； （5）车轮挡块，接排气烟道要安全到位； （6）拉起驻车制动杆，保证车辆不会发生移动
3	拆卸散热器盖		【操作方法】 （1）用湿抹布盖住散热器盖； （2）旋松散热器盖45°，进行泄压； （3）拆下散热器盖； （4）确认散热器温度； （5）在泄压时，分次进行
4	检查散热器盖		【操作方法】 （1）检查橡胶密封垫是否有裂纹、损坏； （2）检查空气阀工作是否良好； （3）检查蒸气阀工作是否良好； （4）旋上散热器盖
5	车辆、工具复位		【操作方法】 （1）降下车辆； （2）取下车内、外防护用品； （3）车辆复位，清洁车身； （4）清洁并整理工具 【操作标准】 严格执行5S操作

【问题情境一】小明家的车辆在维护保养时，维修技师建议小明对散热器盖（图4-1-30）进行相关的检查与维护，请根据所学设计散热器盖的检查与维护的方案。

解决途径：根据散热器盖的检查维护内容进行设计。

【问题情境二】小明家的车辆在维护保养时，维修技师建议小明对散热器盖进行相关的检查与维护，小明听取了维修技师的建议，结果发现散热器盖的密封圈有裂纹，此时小明应该如何处理？

解决途径：根据散热器盖的检查与维护技术要求进行处理。

四、学习结果评价

请根据表4-1-6，完成学习结果的自我评价。

图 4-1-30　汽车散热器盖

表 4-1-6　自我评价表

序号	评价内容	评价标准	评价结果（是/否）
1	知识与技能	了解散热器盖的结构组成	□是　□否
		理解散热器盖的工作原理	□是　□否
		能掌握散热器盖检查与维护	□是　□否
		能掌握散热器盖的打开方法	□是　□否
		能根据所学内容解决车辆相关故障	□是　□否
2	安全与5S	能对场地进行安全检查	□是　□否
		能安全启动车辆	□是　□否
		能做好安全防护	□是　□否
		能遵守场地日常安全条例	□是　□否
		能使用工具、工位进行整理、复位、清扫	□是　□否
3	总评	能够满足下一步内容学习	□是　□否

1. 写出散热器盖的工作原理。
2. 如何正确打开散热器盖？

项目二 动力系统检查与维护

任务一 燃油滤清器更换

 学习目标

1. 能在实车上找出燃油滤清器，并说出它的作用。
2. 能说出燃油滤清器的组成。
3. 能进行燃油滤清器的更换。

 核心概念

汽油：由石油提炼而得到的密度小又易于挥发的液体燃料。其主要性能指标为蒸发性、抗爆性和热值。
汽油的抗爆性：汽油在汽缸中避免产生爆燃的能力。

 基本知识

一、燃油滤清器的作用

燃油滤清器的作用是阻止燃油中的颗粒物、水及不洁物，防止燃油供给装置堵塞，减少机件磨损，保证发动机正常工作。

二、燃油滤清器的组成

燃油滤清器主要由外壳、滤芯、入口、出口等组成。目前广泛使用的滤清器的滤芯有纸质和陶瓷两种。如桑塔纳轿车采用的是纸质滤芯，可滤去直径大于 0.01mm 的杂质。如图 4-2-1 所示。

三、燃油滤清器的更换

燃油滤清器使用到规定的里程或一段时间后，一般要更换，不同车型更换周期不相同。德国大众汽车一般为每 30000 km 更换一次。

更换燃油滤清器时，应首先释放燃油系统压力，并注意燃油滤清器壳体上的箭头标记为燃油流动方向，不能装反。

图 4-2-1 燃油滤清器

燃油滤清器拔出，目视检查

装上燃油滤清器

一、操作条件

① 设备：故障诊断仪。
② 工具：专用工具（CH-807塞子）、套筒组件。

二、安全及注意事项

① 在观察车辆底盘时，需按规范操作举升机，并做必要的安全防护，不能盲目举车或进入车底。
② 当打开车辆前舱盖或进入车辆底部时，不要盲目碰触举升锁止设备，避免危险。
③ 对所使用的纸质维修手册、电脑、车辆或举升机要及时规整复位，并对场地进行5S工作。

三、操作过程

序号	操作步骤	图解	操作方法及操作标准
1	准备工作		【操作方法】 （1）准备好工具，故障诊断仪； （2）做好车辆内外防护； （3）蓄电池电压应在12V以上 【操作标准】 按照5S要求进行操作
2	卸去燃油压力		【操作方法】 （1）将故障诊断仪连接至车辆； （2）指令燃油泵继电器断开，从而切断低压燃油泵； （3）启动发动机； （4）让发动机怠速运行直至发动机停止。发动机在约20～30s后停止； （5）关闭点火； （6）使用故障诊断仪，确认燃油压力很小或没有，如果仍有燃油压力，则重复该步骤 【操作标准】 按照机器所示图标位置进行测量
3	断开蓄电池负极电缆连接		【操作方法】 旋松蓄电池负极极柱螺栓，断开蓄电池负极电缆连接

汽车维护与保养

续表

序号	操作步骤	图解	操作方法及操作标准
4	举升和顶起车辆		【操作方法】 （1）查看支撑垫块位置，应对准车辆被支撑部位； （2）检查车辆是否稳定，稳定后方可举升车辆； （3）待车辆被举升到适宜的作业高度（作业位置）后，锁止举升机
5	快速移除燃油供油管		【操作方法】 从燃油滤清器上拆下燃油供油管，用 CH-807 螺塞堵住燃油管
6	取下燃油滤清器		【操作方法】 沿箭头方向倾斜燃油滤清器，取下燃油滤清器
7	检查新的燃油滤清器		【操作方法】 新的燃油滤清器型号正确，应无损坏

续表

序号	操作步骤	图解	操作方法及操作标准
8	安装新的燃油滤清器		【操作方法】将新的燃油滤清器定位到卡夹所需位置上,转动燃油滤清器直到卡夹位于边缘上。从燃油管上拆下 CH-807 螺塞
9	快速安装燃油供油管		【操作方法】燃油供油中间管和供油管。【操作标准】安装到燃油滤清器上。降低车辆,连接蓄电池负极电缆
10	启动车辆,检查管路		【操作方法】检查燃油滤清器及管路接头处应无泄漏

【问题情境】客户反映车子跑了 30000km,为什么要更换燃油滤清器?

解决途径:首先燃油滤清器是滤除发动机燃油气系统中的有害颗粒和水分;燃油滤清器需定期更换,否则可能造成燃油泵、油嘴、缸套、活塞环等堵塞或磨损;有些车型的燃油滤清器还集成了燃油压力调节器,如果使用时间长,其压力调节器会产生振动异响。燃油滤清器每 30000km 更换一次,且必须使用原厂配件。

四、学习结果评价

请根据表 4-2-1,完成学习结果的自我评价。

表 4-2-1 自我评价表

序号	评价内容	评价标准	评价结果（是/否）
1	知识与技能	能找到燃油滤清器	□是 □否
		能说出燃油滤清器的作用	□是 □否
		能说出燃油滤清器的组成	□是 □否
		能对燃油滤清器进行更换	□是 □否
2	安全与5S	能对场地进行安全检查	□是 □否
		能安全操作举升机	□是 □否
		能做好安全防护	□是 □否
		能遵守场地日常安全条例	□是 □否
		能使用工具、工位进行整理、复位、清扫	□是 □否
3	总评	能够满足下一步内容学习	□是 □否

1. 能在实体车上找出燃油滤清器，并说出它的作用。
2. 能说出燃油滤清器的组成，并在作业2图中找出以下部件：① 燃油滤清器；② 燃油限压阀；③ 燃油泵；④ 燃油箱；⑤ 燃油轨道；⑥ 燃油回流管；⑦ 供油管路；⑧ 喷油器；⑨ 燃油蒸汽管路；⑩ 碳罐清污电磁阀；⑪ 碳罐。

作业2图

任务二　燃油管路检查

1. 能理解燃油管路的功用。
2. 掌握正确检查燃油管路的方法。

单元四　汽车发动机维护

汽车燃油系统：包括燃油箱、燃油泵、燃油缓冲器、燃油压力调节器、燃油滤清器、喷油器、节温定时开关和燃油管路等部件。

一、燃油管路结构

燃油管路的结构如图4-2-2所示。

二、燃油管路功用

燃油管路主要用来输送燃油，并承受一定的压力。

三、燃油管路重要性

燃油管路在车身底部，容易受异物撞击而变形，甚至渗漏，使燃油供应不畅，所以燃油管路需定期检查。

四、燃油管路维护项目

1. 外观检查

检查燃油管路是否凹陷、变形，如出现凹陷、变形，则需更换相应燃油管路。

2. 安装状况检查

检查燃油管接头是否有渗漏、脱落现象。

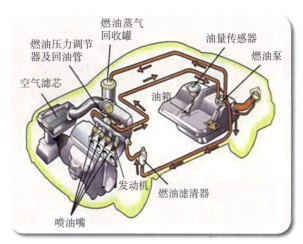

图4-2-2　燃油管路结构

一、操作条件

① 设备：整车、工作台、举升机、废气抽排装置。
② 工具：车轮挡块、地板垫、座椅套、转向盘套、翼子板布、前格栅布、手套、手电筒、抹布若干。

二、安全及注意事项

① 在观察车辆动力电池时，需按规范操作举升机，并做必要的安全防护，不能盲目举车或进入车底。
② 对所使用的纸质维修手册、电脑、车辆或举升机要及时规整复位，并对场地进行5S工作。

三、操作过程

序号	操作步骤	图解	操作方法及操作标准
1	工具准备		【操作标准】 工具要齐全，摆放要整齐

燃油管路检查

135

续表

序号	操作步骤	图解	操作方法及操作标准
2	车辆安全防护		【操作方法】 （1）安装车轮挡块； （2）安装排气烟道
3	安装车内防护		【操作方法】 （1）安装座椅套； （2）安装转向盘套； （3）铺地板垫
4	安装车外防护		【操作方法】 （1）降下驾驶员侧车窗玻璃； （2）拉发动机舱盖释放杆，打开发动机舱盖； （3）安装翼子板布； （4）安装前格栅布
5	检查发动机舱内燃油管路		【操作方法】 （1）启动发动机； （2）检查发动机舱内的燃油管路连接是否可靠，有无渗漏情况 【操作标准】 注意：检查时注意安全，避免触及发动机皮带盘等旋转件
6	检查车辆底部燃油管路		【操作方法】 （1）发动机熄火，取下排气烟道； （2）将车辆举升至最高位； （3）检查车辆底部的燃油管路是否凹陷、变形； （4）检查燃油管路安装状况是否可靠，有无渗漏情况
7	车辆、工具复位		【操作方法】 （1）将车辆下降至地面； （2）取下车内、外防护用品； （3）车辆复位，清洁车身； （4）清洁并整理工具 【操作标准】 在操作过程中严格执行5S操作

【问题情境一】李某的爱车启动机和发动机均有正常启动转速，但不着火，或者有时经过多次长时间的启动方可着火，最后检查下来是燃油管路出了问题，如图4-2-3所示，你认为具体是什么问题呢？

解决途径：燃油管路有空气。

【问题情境二】刘某说最近去4S店做保养的时候，服务顾问推荐做燃油系统清洗，你赞成服务顾问的说法吗？

解决途径：燃油系统的清洗很有必要。汽油中必定是含有一定杂质的，在燃烧过程中会在燃烧室生成一定的积碳，时间一久积碳一多，就会影响燃烧效果。进而影响发动机动力，并且还会增加油耗，造成喷油嘴雾化不良、发动机无力、加速不良、尾气不合格等问题。

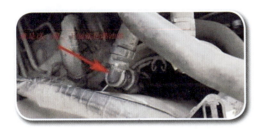

图 4-2-3　燃油管路问题

四、学习结果评价

请根据表4-2-2，完成学习结果的自我评价。

表 4-2-2　自我评价表

序号	评价内容	评价标准	评价结果（是/否）
1	知识与技能	能理解燃油管路的功用	□是　□否
		能正确进行燃油管路检查	□是　□否
2	安全与5S	能对场地进行安全检查	□是　□否
		能安全操作举升机	□是　□否
		能做好安全防护	□是　□否
		能遵守场地日常安全条例	□是　□否
		能使用工具、工位进行整理、复位、清扫	□是　□否
3	总评	能够满足下一步内容学习	□是　□否

1. 你已经知道燃油系统清洗是有必要的，那多久该清洗一次呢？
2. 你经常看到维修工会将燃油压力表安装到汽车相关部件进行检测，如作业2图所示，燃油压力表到底是做什么用的呢？

作业 2 图

任务三 碳罐检查与维护

学习目标

1. 知道碳罐的工作原理。
2. 能找到碳罐的安装位置。
3. 能判断碳罐是否工作正常。

核心概念

碳罐的主要作用：通过碳罐贮存装置，吸附过滤油箱内部的汽油蒸气，通过电磁阀控制让燃油蒸汽进入发动机参与燃烧，从而达到降低油耗，防止油箱气压过高的效果。

基本知识

一、碳罐的安装位置

碳罐一般装在汽油箱和发动机之间。如图 4-2-4 所示。

二、碳罐的认识

1. 碳罐的外观

碳罐的外观如图 4-2-5 所示。

2. 碳罐的各部件组成

碳罐的各部件组成如图 4-2-6 所示。

图 4-2-4 安装位置

图 4-2-5 碳罐的外观

图 4-2-6 碳罐组成

能力训练

一、操作条件

① 设备：整车、气枪、工作台、举升机。

单元四 汽车发动机维护

② 工具：车轮挡块、地板垫、座椅套、转向盘套、翼子板布、前格栅布、手电筒、数字万用表、手套、抹布若干。

笔记

二、安全及注意事项

① 当打开车辆前舱盖或进入车辆底部时，不要盲目碰触高压导线及设备，避免触电危险。
② 对所使用的纸质维修手册、电脑、车辆或举升机要及时规整复位，并对场地进行5S工作。

三、操作过程

序号	操作步骤	图解	操作方法及操作标准
1	准备工作		【操作标准】 工具要齐全，摆放要整齐
2	车辆防护		【操作方法】 （1）安装车轮挡块，安装车内防护； （2）拉起驻车制动杆，降下驾驶员侧车窗玻璃，拉发动机舱盖释放杆； （3）打开发动机舱盖，安装翼子板布和前格栅布
3	检查阀门工作情况		【操作方法】 （1）启动发动机，怠速运行； （2）拔掉蒸气出口上的真空软管，这时可以感受到碳罐接头处有吸气现象，如果无吸气现象说明电磁阀卡死在关状态； （3）拔掉碳罐电磁阀插头，这时如果吸气现象停止，说明电磁阀工作正常，如果仍然吸气，说明电磁阀卡死在开状态 【操作标准】 吸气现象间断性，频率约为1s两次
4	电磁阀的单件检测		【操作方法】 （1）检查电磁阀电磁线圈的电阻值； （2）检查电磁阀的工作。拆下电磁阀，首先向电磁阀内吹气，电磁阀应不通气；然后将蓄电池电压加到电磁阀连接器的两端子上，并同时向电磁阀内吹气，此时电磁阀应通气； （3）检测泄漏：关闭燃油出口和与外部空气连接的连接口，把真空接入燃油入口 【操作标准】 电磁阀电磁线圈的阻值为32Ω左右
5	车辆、工具复位		【操作方法】 （1）取下车内、外防护用品； （2）车辆复位，清洁车身； （3）清洁并整理工具 【操作标准】 严格执行5S操作

139

笔记

【问题情境】在发动机非怠速运行情况下,也就是发动机以 800 r/min 以上的转速运行时,听见"哒哒"的响声,是不是碳罐电磁阀(图 4-2-7)出现问题了?

解决途径:首先找到碳罐电磁阀的位置,靠耳听判断"哒哒"响声是不是它发出来的,再根据碳罐的工作原理判断。

图 4-2-7 碳罐及碳罐电磁阀

四、学习结果评价

请根据表 4-2-3,完成学习结果的自我评价。

表 4-2-3 自我评价表

序号	评价内容	评价标准	评价结果(是/否)
1	知识与技能	能够在实车上指出碳罐的安装位置	□是 □否
		能够知道碳罐的作用	□是 □否
		能够对碳罐进行外观检查	□是 □否
		能够对碳罐的阀门检查	□是 □否
		能够对碳罐电磁阀进行测量	□是 □否
		能够判断碳罐电磁阀的好坏	□是 □否
2	安全与5S	能对场地进行安全检查	□是 □否
		能安全启动汽车	□是 □否
		能做好安全防护	□是 □否
		能遵守场地日常安全条例	□是 □否
		能使用工具、工位进行整理、复位、清扫	□是 □否
3	总评	能够满足下一步内容学习	□是 □否

 课后作业

如何延长碳罐的使用寿命?

任务四　传动皮带检查

1. 掌握传动皮带的特点。
2. 能进行传动皮带的检查操作。

传动皮带：驱动发动机其他附件的皮带，如交流发电机、空调压缩机、水泵等。

传动皮带主要依靠摩擦力进行动力传动。常见的皮带一般有三种形状：V形皮带、多楔皮带和齿形皮带，如图4-2-8所示。

一、皮带传动的特点

皮带具有良好的弹性，能够缓冲和吸振，因此传动平稳、噪声小。过载时，带与带轮间产生打滑，可以防止损坏其他零件，起到安全保护的作用。带传动结构简单、制造、安装和维护方便，成本低廉，如图4-2-9所示。

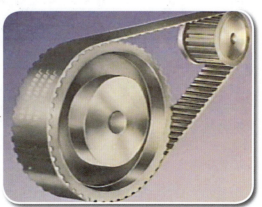

图4-2-8　皮带类型　　　　　　图4-2-9　带传动

按动传动皮带

二、传动皮带的失效形式

长时间工作，传动皮带在交变应力的反复作用下会产生脱层、撕裂，最后导致疲劳断裂，从而使传动失效。传动皮带传动工作时的主要失效形式是：传动皮带在带轮上打滑，传动皮带的磨损和疲劳断裂，如图4-2-10所示。

三、传动皮带的张紧装置

传动皮带安装在带轮上应具有一定的张紧力，以保证带传动的正常工作。但工作一段时间后，由于传动带的塑性变形会出现松弛现象，使传动带的初拉力逐渐减小，承载能力降低。为了控制传动带的初拉力，保证带传动的工作能力，必须采用适当的张紧装置。

常用的张紧装置有：定期张紧装置、自动张紧装置和利用张紧轮的张紧装置，如图4-2-11所示。

  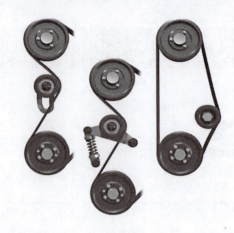

图 4-2-10　传动皮带磨损　　　　图 4-2-11　张紧轮张紧装置

四、传动皮带的张紧力检查

1. 用手指压传动皮带以检查皮带变形

通过用手指按压传动皮带检查松紧程度，压力大概 10kgf（1kgf=9.8N）左右，若是皮带的压下量有 10mm 左右，则可以判断皮带的张力合适。如图 4-2-12 所示。

2. 用皮带张紧计检查皮带变形

① 旋转重置杠杆以重置针阀，如图 4-2-13 所示。
② 夹紧皮带上的把手、手柄和卡钩。
③ 当把手松开后，卡钩用收缩性弹簧力拉动皮带，弹簧力使指针指示张紧力的大小。

图 4-2-12　用手指检查　　　　图 4-2-13　张紧计

能力训练

一、操作条件

① 设备：整车、工作台、举升机。
② 工具：车轮挡块、地板垫、座椅套、转向盘套、翼子板布、前格栅布、手电筒、皮带张力计、手套、抹布若干。

二、安全及注意事项

① 在从车辆底部观察皮带时需锁止举升机，确认安全后再进入车底操作。
② 按压传动皮带前确保发动机停止运行，钥匙断火拔出。
③ 对所使用的纸质维修手册、电脑、车辆或举升机要及时规整复位，并对场地进行 5S 工作。

三、操作过程

序号	操作步骤	图解	操作方法及操作标准
1	准备工作		【操作标准】 工具要齐全，摆放要整齐
2	车辆安全防护		【操作方法】 （1）安装车轮挡块，安装车内防护； （2）拉起驻车制动杆，降下驾驶员侧车窗玻璃，拉发动机舱盖释放杆； （3）打开发动机舱盖，安装翼子板布和前格栅布
3	传动皮带外观检查		【操作方法】 （1）将车辆举升至最高位； （2）检查传动皮带是否正确安装在皮带轮槽内； （3）检查传动皮带是否有磨损、裂纹、老化等现象
4	传动皮带张紧度检查		【操作方法】 （1）将皮带张力计复位； （2）将张力计卡上皮带，皮带牢固地系在卡钩上； （3）测量表与皮带垂直，测量其张力； （4）取下张力计，读出张力值 【操作标准】 注意：如皮带张力值偏低，需适当更换传动皮带
5	车辆、工具复位		【操作方法】 （1）降下车辆； （2）取下车内、外防护用品； （3）车辆复位，清洁车身； （4）清洁并整理工具 【操作标准】 严格执行5S操作

【问题情境一】汽车在行驶中，发动机舱有异响，排除是发动机本身的原因造成的,那么该怎么办？

解决途径：首先根据异响判断是哪根传动皮带（图4-2-14）出现的问题，然后检查该传动皮带，根据情况来检查维护。

【问题情境二】在日常使用过程中，需更换传动皮带（图4-2-15）时，应该注意什么？

解决途径：传动皮带的使用性能考虑。

汽车维护与保养

 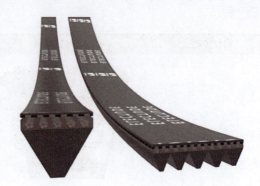

图 4-2-14　发动机上的皮带传动　　　　图 4-2-15　传动皮带

四、学习结果评价

请根据表 4-2-4，完成学习结果的自我评价。

表 4-2-4　自我评价表

序号	评价内容	评价标准	评价结果（是/否）
1	知识与技能	能找到传动皮带	□是　□否
		能进行传动皮带的外观检查	□是　□否
		能使用张力计	□是　□否
		能对传动皮带张紧力检查	□是　□否
		能调节传动皮带的张紧力	□是　□否
		能根据传动皮带使用情况判断能否继续使用	□是　□否
2	安全与5S	能对场地进行安全检查	□是　□否
		能安全操作举升机	□是　□否
		能做好安全防护	□是　□否
		能遵守场地日常安全条例	□是　□否
		能使用工具、工位进行整理、复位、清扫	□是　□否
3	总评	能够满足下一步内容学习	□是　□否

1. 在每条皮带的包装上都有相应的识别码，请说出作业1图中6PK1640的含义（可查阅资料）。
2. 传动皮带和正时皮带（作业2图）的区别是什么？

　　　作业1图　　　　　　　　　　　　作业2图

任务五　火花塞检查与维护

1. 理解火花塞的功用。
2. 掌握火花塞检查与维护的方法。

火花塞：汽油机点火系统的重要元件，它可将高压电引入燃烧室，并使其跳过电极间隙而产生火花，从而点燃汽缸中的可燃混合气。

一、火花塞结构

火花塞的结构如图4-2-16所示。弯曲的侧电极焊接在钢制壳体的底端，使其直接搭铁；绝缘体由高氧化铝陶瓷制成；中心电极装在绝缘体的中心孔内，通过接线端与高压导线连接。

二、火花塞热值

火花塞的热值如图4-2-17所示。火花塞的散热性，一般来说，当火花塞热值越大散热性就越好，能承受的温度就越高。火花塞热值高低，可以通过火花塞芯部的长度来进行大致区分。一般，火花塞芯部比较长的就是热型火花塞，散热能力一般；反过来讲芯部长度越短的就是冷型火花塞，散热能力较强。当然，火花塞也可以通过改变电极的材质来增加热值，但一般通过改变火花塞芯部长度的方法比较常见。因为当火花塞越短，散热途径也相对较短，热量也更容易传导出去，所以不容易造成中心电极温度上升。

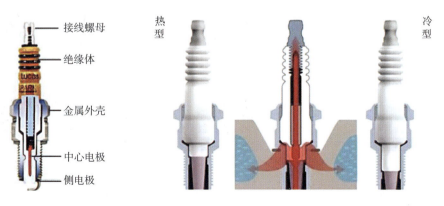

图4-2-16　火花塞结构　　　　图4-2-17　火花塞热值分类

通常，燃烧室的最理想燃烧温度在500～850℃的范围内，根据发动机的缸体温度，选择适合自己热值范围内的火花塞。如果车辆的火花塞热值为7，若你更换成5的话，就可能因为火花塞散热较慢，头部出现温度过高，最终导致火花塞出现烧结、熔化的现象。此外，火花塞散热差还可能导致混合气被提前点燃，造成发动机爆震。

拆卸火花塞检查，更换后安装

三、火花塞功用

将点火线圈或磁电机产生的脉冲高压电引入燃烧室,并在两个电极间产生电火花,来点燃汽缸内的高压可燃混合气,使发动机正常工作。

四、火花塞重要性

如火花塞电极有积炭或被烧蚀,电极间的高压电火花变弱,发动机燃油经济性变差,输出动力下降;甚至火花塞不能点火,发动机无法正常工作。

检查间隔:每10000km或6个月;更换间隔:20000~40000 km。对于铂电极和铱电极火花塞,更换间隔为100000~150000 km,没有必要在使用过程中来调整其火花塞间隙。

五、火花塞检查与维护

1. 火花塞间隙检查

使用火花塞间隙量规,检查中央电极和侧电极之间的间隙,如图4-2-18所示,一般为0.8~1.0 mm。如超出标准,应调整火花塞间隙,如图4-2-19所示。

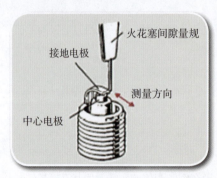
图 4-2-18 测量火花塞间隙

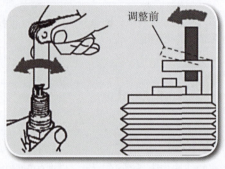
图 4-2-19 调整火花塞间隙

调整火花塞间隙时,将火花塞侧电极放入间隙规的缺口部分,再进行调整;在弯曲火花塞侧电极时,不要让间隙量规和中心电极接触,避免损坏中心电极。

2. 电极情况检查

检查火花塞电极是否有烧蚀,如电极边缘被完全磨掉或变圆,应更换火花塞;检查电极是否有明显的积炭或汽油痕迹,如有,应用火花塞清洁剂进行清洁,如图4-2-20所示。

当火花塞电极烧蚀严重时,需更换火花塞。更换时需同时更换发动机所有的火花塞。

3. 外部情况检查

检查陶瓷绝缘体是否有裂纹;检查火花塞螺纹连接部分是否有损坏。

正常使用　　　　油污潮湿　　　　绝缘体破损

过热燃烧　　　　铅污染　　　　碳粉熏黑

炽热燃烧　　　　过多积炭　　　　外力破坏

图 4-2-20 火花塞电极

能力训练

一、操作条件

① 设备:整车、工作台、废气抽排装置。

②工具：车轮挡块、地板垫、座椅套、转向盘套、翼子板布、前格栅布、成套世达工具、火花塞专用套筒、火花塞间隙规、扭矩扳手、手套、抹布若干。

二、安全及注意事项

①在从车辆底部观察皮带时需锁止举升机，确认安全后再进入车底操作。
②按压传动皮带前确保发动机停止运行，钥匙断火拔出。
③对所使用的纸质维修手册、电脑、车辆或举升机要及时规整复位，并对场地进行5S工作。

三、操作过程

序号	操作步骤	图解	操作方法及操作标准
1	工具准备		【操作标准】 工具要齐全，摆放要整齐
2	车辆防护		【操作方法】 （1）装车轮挡块，接排气烟道； （2）安装车内防护； （3）拉驻车制动杆，降下驾驶员侧车窗玻璃，拉发动机舱盖释放杆； （4）打开发动机舱盖，安装翼子板布和前格栅布
3	拆卸点火线圈		【操作方法】 （1）关闭点火开关，断开点火线圈的接线插座； （2）拆卸点火线圈的固定螺栓； （3）取出点火线圈
4	拆卸火花塞		【操作方法】 （1）用专用套筒拆下火花塞，并取出； （2）用干净的布遮住火花塞孔 【操作标准】 注意：取出火花塞时应小心，防止落地损坏；需戴手套，防止高温烫伤
5	检查火花塞电极		【操作方法】 检查火花塞电极是否有烧蚀、积炭和油污

序号	操作步骤	图解	操作方法及操作标准
6	检查火花塞外观		【操作方法】 （1）检查火花塞绝缘体是否有损坏； （2）检查连接螺纹是否有损坏
7	检查火花塞间隙		【操作方法】 （1）检查火花塞绝缘体是否有损坏； （2）检查连接螺纹是否有损坏 【操作标准】 注意：量规与间隙之间应有轻微的阻力；火花塞间隙一般为 0.8～1.1 mm
8	装复火花塞		【操作方法】 （1）装复火花塞，并按规定扭矩拧紧； （2）装复点火线圈及电气连接线； （3）接排气烟道； （4）启动发动机，确认运行平稳
9	车辆工具车复位		【操作方法】 （1）发动机熄火，取下排气烟道； （2）取下车内、外防护用品； （3）车辆复位，清洁车身； （4）清洁并整理工具 【操作标准】 在操作过程中严格执行5S操作

【问题情境一】

曾经有位汽车人士针对"火花塞的使用寿命"对一百位车主做了一个调查。调查发现，有20%的车主表示按照保养手册上的要求更换，40%的车主表示维修师傅建议更换时就会更换；另外40%的车主并不知情。你知道何时该更换火花塞吗？

解决途径： 首先结合平时用车习惯，根据实际情况去感受当前汽车动力和油耗方面是否有异，如果和以往相比存在差距，很可能火花塞出现了问题。

为进一步确定异常，这时需要拆下火花塞（图4-2-21）进行肉眼观察。拆下火花塞后仔细观察正电极与侧电极之间是否存在大量的积炭，其次观察正电极与侧电极之间的距离，同时还需要检查点火头的贵金属是否消耗严重。如果侧电极与正电

图4-2-21　拆卸火花塞

极之间的距离过大，必定会伴有点火头的贵金属异常消耗，此时就需要进行更换。如果不存在前者的现象，只发现大量积炭的情况下，火花塞还是可以继续使用的，前提是要清洗处理干净积炭后。

【问题情境二】当你拆下火花塞，发现积炭过多，是不是就直接扔了呢？

解决途径：发动机烧机油质量不合格和使用了不适合本发动机燃烧的汽油（劣质或不达标的汽油）都会导致积炭过多。如果火花塞上面只是存在了大量的积炭，并没有出现间隙过大或者点火头消耗严重的情况，可以利用火花塞清洗器进行清洗。

四、学习结果评价

请根据表4-2-5，完成学习结果的自我评价。

表 4-2-5　自我评价表

序号	评价内容	评价标准	评价结果（是/否）
1	知识与技能	能了解火花塞的结构与功用	□是　□否
		能了解火花塞重要性	□是　□否
		能正确进行火花塞的检查与维护操作	□是　□否
2	安全与5S	能对场地进行安全检查	□是　□否
		能安全操作举升机	□是　□否
		能做好安全防护	□是　□否
		能遵守场地日常安全条例	□是　□否
		能使用工具、工位进行整理、复位、清扫	□是　□否
3	总评	能够满足下一步内容学习	□是　□否

1. 有句话说这样说："动力好不好，全看火花塞用得好不好"。那么是不是选择最贵的火花塞就万事大吉了呢？
2. 最近爱车的油耗增加了不少，是不是火花塞出了问题呢？

任务六　发动机机械部件检修

1. 了解曲轴飞轮组的组成与功用。
2. 简单了解曲轴飞轮组的拆装步骤。
3. 掌握曲轴飞轮的检测方法。

汽车维护与保养

核心概念

曲轴：发动机中最重要的部件。它承受连杆传来的力，并将其转变为转矩通过曲轴输出并驱动发动机上其他附件工作。

基本知识

一、曲轴飞轮组的组成与功用

1. 曲轴飞轮组的组成

曲轴飞轮组主要由曲轴、飞轮、扭转减振器、皮带轮、正时齿轮（或链轮）和一些附件组成，如图4-2-22所示。

2. 曲轴飞轮组的功用

它与连杆配合将作用在活塞上的气体压力变为旋转的动力，传给底盘的传动机构，驱动配气机构和其他辅助装置，如风扇、水泵、发电机等。

二、曲轴飞轮组拆装

1. 曲轴飞轮组拆卸步骤

① 如曲轴后油封是整体式的，要先拆卸飞轮；拆卸前看清楚飞轮的安装形式，如有销钉定位的，不需检查记号；无销钉定位的，需检查或做上记号，再按顺序对角拆下飞轮螺栓，以卸下飞轮，如图4-2-23所示。

② 拆卸曲轴前机油泵壳体总成和曲轴后油封壳体，如图4-2-24所示。

③ 检查主轴承是否有顺序记号，如果无应及时做上记号，按图4-2-25所示的顺序分二次或三次拧松主轴承螺栓，把轴承盖拆出按顺序记号摆放好。

④ 拆卸曲轴与上部主轴承，拆下曲轴，从汽缸体拆下轴承，将曲轴垂直吊放或与飞轮固定垂直放好。注意：将轴承盖，轴承与止推垫片按次序放好，拆卸主轴承方法与连杆轴承方法相同。

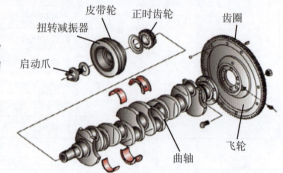

图 4-2-22 曲轴飞轮组结构

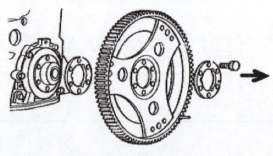

图 4-2-23 拆卸飞轮螺栓

图 4-2-24 拆卸曲轴前机油泵壳体总成

图 4-2-25 拆卸轴承盖

拆卸发动机曲轴主轴颈轴承盖螺栓，测量曲轴圆度

2. 曲轴飞轮组组装

曲轴飞轮组的组装与拆卸步骤相反，要注意螺栓的安装顺序。

三、曲轴检测

1. 曲轴的损伤

曲轴是发动机中形状和受力都很复杂的重要零件之一。

曲轴耗损的形式主要有轴颈的磨损、弯曲与扭曲变形、断裂及其他部位的损伤等。曲轴的弯曲变形会加剧活塞连杆组、汽缸、曲轴轴颈和轴承的磨损，甚至会使曲轴出现裂纹或断裂。

曲轴的弯曲变形是使用或修理不当造成的。如发动机的爆震和超负荷，个别汽缸不工作或工作不均衡，各道主轴承松紧度不一致，主轴承座孔同轴度偏差增大等原因，都会导致曲轴的弯曲变形。

2. 曲轴的检修

曲轴检测的内容包括以下三方面：
① 曲轴的径向跳动量测量。
② 曲轴的轴向间隙。
③ 曲轴的圆度值和圆柱度值测量。

能力训练

一、操作条件

① 设备：曲轴。
② 工具：磁性表座、百分表、V形块一对、千分尺、手套、抹布若干。

二、安全及注意事项

① 在拆除火花塞前需断开蓄电池极柱，确保高压线无电位后进行拆除操作。
② 拆除火花塞后需对火花塞孔座进行遮蔽，防止有异物掉落。
③ 对所使用的纸质维修手册、电脑、车辆或举升机要及时规整复位，并对场地进行5S工作。

三、操作过程

序号	操作步骤	图解	操作方法及操作标准
1	工具准备		【操作标准】 工具要齐全，摆放要整齐
2	曲轴的圆度值和圆柱度值测量		【操作方法】 测量曲轴的圆度值和圆柱度值

续表

序号	操作步骤	图解	操作方法及操作标准
3	曲轴的轴向间隙测量		【操作方法】 测量曲轴的轴向间隙
4	曲轴的径向跳动量测量		【操作方法】 测量曲轴的径向跳动量
5	工具复位		【操作标准】 在操作过程中严格执行5S操作

【问题情境一】请结合图 4-2-26 与实物，分别判定该曲轴的支承方式是哪种？

解决途径：曲轴的支承方式分为两种：全支承曲轴和非全支承曲轴。

① 全支承曲轴：曲轴的主轴颈数比汽缸数目多一个，即每一个连杆轴颈两边都有一个主颈。

② 非全支承曲轴：曲轴的主轴颈数比汽缸数少或与汽缸数相等，主轴承载荷较大，但缩短了曲轴的总长度，使发动机的总体长度有所减小。

图 4-2-26 曲轴支承

【问题情境二】借助软件分析发现曲轴受力情况为：红色受力最高。长期如此会出现什么故障呢？如图 4-2-27 所示。

解决途径：曲轴的变形通常为弯曲变形和扭转变形，变形过大的曲轴会导致自身和相连零件的加剧磨损、加速疲劳，出现曲轴断裂和过大的机械振动。

四、学习结果评价

请根据表 4-2-6，完成学习结果的自我评价。

图 4-2-27 曲轴受力情况

表 4-2-6 自我评价表

序号	评价内容	评价标准	评价结果（是/否）
1	知识与技能	了解曲轴飞轮组的组成和功用	□是 □否
		掌握曲轴飞轮组的拆装方法	□是 □否
		能正确进行曲轴的检测	□是 □否
2	安全与5S	能对场地进行安全检查	□是 □否
		能安全操作举升机	□是 □否
		能做好安全防护	□是 □否
		能遵守场地日常安全条例	□是 □否
		能使用工具、工位进行整理、复位、清扫	□是 □否
3	总评	能够满足下一步内容学习	□是 □否

1. 机油滤清器维护保养不到位，结果导致了轴颈的磨损，你能分析其中的原因吗？
2. 李某最近爱车机油检查的时候机油品质已经堪忧，但他觉得能润滑就行，不用换得那么勤快，别人却提醒说机油这么脏可能导致曲轴轴颈的严重磨损，得不偿失，需要按时换，你会怎样与李某沟通呢？

任务七　机油滤清器拆装

1. 掌握机油滤清器的作用。
2. 掌握机油滤清器的工作原理。
3. 能按照标准工艺流程对机油滤清器进行安装。

机油滤清器：又称机油格。用于去除机油中的灰尘、金属颗粒、碳沉淀物和煤烟颗粒等杂质，保护发动机。如图 4-2-28 所示。

溢流阀（旁通阀）：当外部温度降低到某一特定值或当机油滤清器超出正常使用期限时，溢流阀会在特殊压力作用下打开，让未经过滤的机油直接流进发动机。如图 4-2-29 所示。

止回阀：作用就是当机油滤清器设置在发动机上方设置，发动机熄火后，能有效防止机油滤清器内机油流失，从而避免再次启动时导致短时间油压低，造成发动机磨损。如图 4-2-30 所示。

图 4-2-28　机油滤清器

图4-2-29 机油滤清器的溢流阀　　　　图4-2-30 机油滤清器的止回阀

一、机油滤清器的分类

机油滤清器有全流式与分流式之分。全流式滤清器串联于机油泵和主油道之间，因此能滤清进入主油道的全部润滑油。分流式滤清器与主油道并联，仅过滤机油泵送出的部分润滑油。

二、机油滤清器的结构组成

机油滤清器主要由密封圈、止回阀、滤芯、旁通阀、滤芯固定弹簧、外壳等组成。如图4-2-31所示。

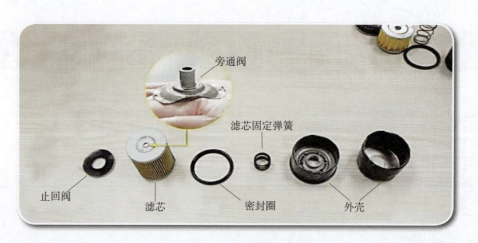

图4-2-31 机油滤清器的结构组成

三、机油滤清器的工作原理

发动机运行过程中，随着机油泵的运转，带有杂质的机油源源不断地从机油滤清器底板总成上的进油口进入机油滤清器，然后经过止回阀到滤纸外侧等待过滤；在机油压力的作用下，机油不断通过滤纸，进入中心管内，而机油中的杂质则留在滤纸上；进入中心管内的机油则从机油滤清器底板中间的出油口进入到发动机润滑系统中参与润滑。如图4-2-32所示。

随着杂质在滤纸上不断集聚，滤纸的通过性不断降低，流通阻力不断增加，使得滤纸外侧的机油压力不断升高。当机油压力足以打开旁通阀时，机油则不再经过滤纸过滤，而直接从旁通阀进入中心管内，然后从机油滤清器底板中间的出油口进入到发动机润滑系统中参与润滑，如图4-2-33所示。这样即使滤纸堵塞，也能保证机油的正常循环，只是机油滤清器不再过滤机油中的杂质。因此，通常情况下会将机油滤清器归为易损件，需要定期更换，以保证良好的过滤效果。

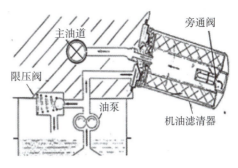

图 4-2-32 机油滤清器的工作原理（一）　　图 4-2-33 机油滤清器的工作原理（二）

四、机油滤清器质量的鉴别

机油滤清器属于易损件，通常在更换机油时需一并更换机油滤清器。市场上机油滤清器的质量参差不齐，如何鉴别机油滤清器的好坏显得尤为重要。

（1）外观方面：外观细腻、粗糙之分　假的机油滤清器在壳体表面印刷上比较粗糙，字体通常是模糊不清的。而真的机油滤清器表面的厂标字体十分清晰，并且表面油漆质感很好。通过对比还是比较容易看出差别来的。如图 4-2-34 所示。

图 4-2-34 机油滤清器的厂标字体

（2）滤纸方面：过滤能力之分　假的机油滤清器过滤杂质能力比较差，这主要体现在滤纸上，滤纸过密会影响机油正常流通量；而滤纸过松则会导致大量未被过滤的杂质继续随机油流动，时间长了会导致发动机内部零件进行干摩擦或过度磨损。如图 4-2-35 所示。

（a）纯正　　　　　　　（b）普通假冒　　　　　　　（c）高仿假冒

图 4-2-35 机油滤清器的滤纸

（3）旁通阀方面：辅助作用之分　旁通阀的作用是当滤纸由于杂质过多导致堵塞时用来应急输送机油的装置。但是，大多数假的机油滤清器的内置旁通阀作用不明显，因此当滤纸失效后，机油得不到及时输送，会导致发动机内部分部件干摩擦。

（4）垫片方面：密封、渗油之分　垫片虽然看起来有些不起眼，但是零部件之间的密封全要靠它。假的机油滤清器中的垫片材质比较差，在发动机高温、高强度工作下很可能致使其密封性失效，最终导致机油的渗漏。如图 4-2-36 所示。

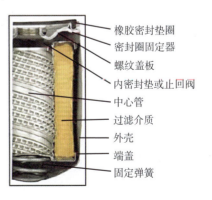

五、机油滤清器缺点

市面上的机油滤清器，缺点是只能滤除机油中 60% 的杂质，滤清效率低。

这是由于现有的机油滤清器，是依靠单一纸滤芯孔拦截过滤出机油中有害杂质的，其滤纸的微孔越小过滤效果就越好，但机油通过能力就越差。

图 4-2-36 机油滤清器的结构图

一、操作条件

① 设备:教学用车、车外三件套、车内三件套。
② 工具:专用工具、手套,抹布若干。

二、安全及注意事项

① 在进行操作时,需按规范举升车辆,并做必要的安全防护,关闭点火开关,不能盲目进入车辆进行相关操作。
② 当进入车辆底部时,要从车辆前后进入车底,以免碰头。
③ 对所使用的纸质维修手册、电脑、车辆或车轮挡块,三件套要及时规整复位,并对场地进行5S工作。

三、操作过程

序号	操作步骤	图解	操作方法及操作标准
1	准备车辆		【操作方法】 (1)安装翼子板布及前栅格布; (2)安装车轮挡块; (3)安装车内三件套 【操作标准】 翼子板布和前栅格布应居中放置,与车身接触的一侧必须无油污,车轮挡块必须紧靠车轮安装
2	举升车辆	将车辆底部护板取下	【操作方法】 使用专用设备将车辆升起,便于在车辆底部进行拆卸机油滤清器 【操作标准】 举升时需要确认车辆的稳定情况,确保安全举升
3	拆卸车辆底部护板	机油滤芯 / 油底壳上的放油螺丝	【操作方法】 将车辆底部护板取下,露出机油滤清器和放油螺丝 【操作标准】 操作时使用专用工具,并注意头部安全
4	放出旧机油		【操作方法】 把油底壳上的放油螺丝拧开,注意拧开的瞬间机油会喷出且温度较高。将盛油容器移到车辆下方,将旧机油放出 【操作标准】 注意拧开的瞬间机油会喷出且温度较高。同时要采用专用工具

续表

序号	操作步骤	图解	操作方法及操作标准
5	拆卸机油滤清器		【操作方法】 用工具把旧的机油滤芯卸下，以逆时针的方向旋转 【操作标准】 使用专用工具拆卸
6	安装新的机油滤清器		【操作方法】 把新的机油滤清器边缘的橡胶圈部分涂上一层机油，依照原位安装回去。之后将放油螺丝拧上，不要太用力，防止螺纹溢扣
7	安装车辆护板		【操作标准】 确保安装螺丝处于拧紧状态

【问题情境一】拆卸机油滤清器时需要注意那些事项。

解决途径：从工具设备、操作安全、操作步骤中入手。

【问题情境二】小明家的汽车已经行驶了 50000 km，现在需要做保养，请根据所学来帮助小明拆装机油滤清器。（注：小明家的汽车是丰田卡罗拉）

解决途径：明确车型，查阅相关的维修手册。

四、学习结果评价

请根据表 4-2-7，完成学习结果的自我评价。

表 4-2-7　自我评价表

序号	评价内容	评价标准	评价结果（是/否）
1	知识与技能	能掌握机油滤清器的作用	□是　□否
		能掌握机油滤清器的分类	□是　□否
		能进行机油滤清器的拆与装	□是　□否
		能掌握机油滤清器的拆卸与安装的步骤和注意事项	□是　□否
		能根据所学内容解决车辆相关故障	□是　□否

续表

序号	评价内容	评价标准	评价结果（是/否）
2	安全与5S	能对场地进行安全检查	□是 □否
		能安全启动车辆	□是 □否
		能做好安全防护	□是 □否
		能遵守场地日常安全条例	□是 □否
		能使用工具、工位进行整理、复位、清扫	□是 □否
3	总评	是否能够满足下一步内容学习	□是 □否

1. 根据作业1图所示，写出机油滤清器的部件名称。
2. 请看作业2图，数字3的零部件名称是什么。

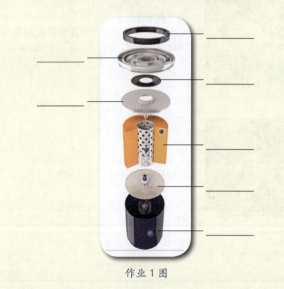

作业1图

作业2图

任务八　进气系统部件检修

1. 理解节气门总成的功用。
2. 掌握节气门总成的组成。
3. 能正确拆装与清洁节气门总成。

 核心概念

电子节气门：汽车发动机的重要控制部件。由发动机、转速传感器、节气门等构成，采用电子节气门控制系统，可以使节气门开度得到精确控制。如图 4-2-37 所示。

节气门开度：发动机节气门的开启角度。汽车发动机节气门由驾驶员通过加速踏板来操纵，以改变发动机的进气量，从而控制发动机的运转。不同的节气门开度标志着发动机的不同运转工况。如图 4-2-38 所示。

图 4-2-37 汽车节气门体

图 4-2-38 节气门开度

 基本知识

一、电子节气门的结构

节气门总成按控制方式分为机械式和电子式。机械节气门总成主要由节气门和怠速控制装置组成，怠速控制装置主要由怠速电机、应急弹簧、节气门电位计、怠速节气门电位计和怠速开关等构成，如图 4-2-39 所示。电子节气门总成结构比较简单，与电子油门踏板配套使用，控制精度高，在汽车上应用逐渐增多，一汽丰田卡罗拉轿车即采用电子节气门总成。

拆掉进气管

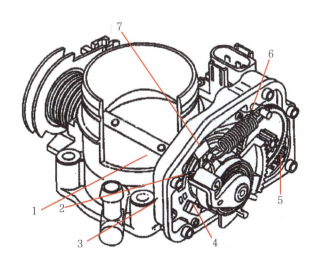

图 4-2-39 节气门总成

1- 节气门；2- 怠速开关；3- 怠速控制装置；4- 节气门电位计；5- 怠速电机；
6- 应急弹簧；7- 怠速节气门电位计

159

二、电子节气门的功用

节气门总成主要控制发动机的进气量,检测节气门的位置,并将信号输给发动机控制单元,为实现怠速控制、喷油控制和点火控制提供基本参数。如图4-2-40所示。

三、电子节气门维护的重要性

发动机工作时间较长后,会在节气门附近形成油垢,会使节气门卡死或怠速不稳,所以有必要对节气门总成进行检查,并做相应的清洁维护工作。如图4-2-41所示。

图4-2-40 汽车节气门

图4-2-41 节气门清洗前后的区别

能力训练

一、操作条件

① 设备:教学用车、整车、工作台、废液回收盆、空气压缩机、解码仪。
② 工具:车轮挡块、地板垫、座椅套、转向盘套、翼子板布、前格栅布、成套世达工具、化油器清洗剂、鲤鱼钳、吹枪、抹布若干。

二、安全及注意事项

① 在进行操作时,需按规范安装车轮挡块,并做必要的安全防护,关闭点火开关,不能盲目对车辆进行相关操作。
② 当打开车辆前舱盖时,不要盲目碰触高压导线及设备,避免触电危险。
③ 对所使用的纸质维修手册、电脑、车辆或车轮挡块、三件套要及时规整复位,并对场地进行5S工作。

三、操作过程

序号	操作步骤	图解	操作方法及操作标准
1	工具准备		【操作方法】 (1)实操所需工具,如左图; (2)工具要齐全,摆放要整齐 【操作标准】 工具准备要齐全,摆放要到位
2	车辆防护与预检		【操作方法】 (1)安装车轮挡块,安装车内防护; (2)拉起驻车制动杆,降下驾驶员侧车窗玻璃,拉发动机舱盖释放杆; (3)打开发动机舱盖,安装翼子板布和前格栅布; (4)进行车辆预检 【操作标准】 车轮挡块安装要到位,驻车制动要到底,确保车辆不发生移动

续表

序号	操作步骤	图解	操作方法及操作标准
3	拆卸节气门总成外部线路及管路		【操作方法】 （1）关闭点火开关，拔下节气门总成插头； （2）拆下进气总管； （3）拆下曲轴箱强制通风管； （4）拆下节气门总成上的冷却液水管 【操作标准】 注意保护插接件；冷却液应收集，统一处理
4	拆下节气门总成		【操作方法】 （1）拆卸节气门总成固定螺栓，取下节气门总成； （2）取下节气门衬垫； （3）用干净的抹布遮住进气口 【操作标准】 使用专用工具，在拆下衬垫时要缓慢拆卸，以免损坏衬垫
5	清洁节气门总成		【操作方法】 （1）用专用清洁剂清洁节气门； （2）清洁节气门上部腔体； （3）清洁节气门下部腔体； （4）用压缩空气吹干 【操作标准】 清洁要到位彻底，清洗结束后要彻底干燥节气门体。
6	清洁节气门衬垫		【操作方法】 （1）用清洁剂清洁节气门衬垫； （2）用压缩空气吹干 【操作标准】 清洁要到位彻底，清洗结束后要彻底干燥
7	装复节气门总成		【操作方法】 （1）取下遮挡的抹布； （2）安装节气门衬垫； （3）安装节气门总成固定螺栓； （4）装复节气门总成外部接线及管路 【操作标准】 注意：气门衬垫安装的方向及位置
8	运行检查		【操作方法】 （1）检查冷却液液位； （2）安装排气烟道； （3）启动发动机，并运行一段时间； （4）连接解码仪，查看发动机系统是否正常 【操作标准】 注意：如冷却液液位偏低应适当补充

笔记

【问题情境一】一客户反应车辆启动怠速时有抖动情况,经过维修技师的检查要求清洗节气门,请根据所学知识简要总结节气门的拆装步骤。

解决途径：根据节气门的拆装步骤进行总结。

【问题情境二】小明家的汽车已经行驶了50000公里,现在需要做保养,同时清洗节气门,但是小明不知道节气门是什么,请根据所学帮助小明解决此问题。

解决途径：从节气门的组成功用等内容入手。

四、学习结果评价

请根据表4-2-8,完成学习结果的自我评价。

表4-2-8 自我评价表

序号	评价内容	评价标准	评价结果（是/否）
1	知识与技能	能掌握节气门体的组成	□是 □否
		能掌握节气门体的功用	□是 □否
		能找到节气门体在车上的位置	□是 □否
		能掌握节气门体的拆卸与安装的步骤和注意事项	□是 □否
		能根据所学内容解决车辆相关故障	□是 □否
2	安全与5S	能对场地进行安全检查	□是 □否
		能安全启动车辆	□是 □否
		能做好安全防护	□是 □否
		能遵守场地日常安全条例	□是 □否
		能使用工具、工位进行整理、复位、清扫	□是 □否
3	总评	能够满足下一步内容学习	□是 □否

1. 根据所学内容,写出如何拆卸、清洗节气门。
2. 写出节气门的功用。

单元五 汽车底盘维护

项目一 制动系统检查与维护

任务一 行车制动操纵机构检查与维护

1. 理解行车制动操纵机构的结构及功用。
2. 能进行行车制动踏板检查的操作。
3. 能检查真空助力器工作状况、真空功能、气密性是否良好。

行车制动操纵机构：接受外力（驾驶员踩踏）驱动，由真空助力器辅助外力施加，由制动总泵将行车制动操纵机构的力转变为制动液压力，再通过制动管路传递到行车制动各个分泵，最终实现车轮制动。

制动踏板自由行程：指制动踏板在自由状态最高位置时踏下，感到有阻力为止，制动踏板所移动的距离。

真空助力器：利用真空动力源，将真空吸力转化为推动制动主缸活塞移动的机械力。

一、行车制动操作机构在汽车上的布置情况

在行车过程中，一般都会用到行车制动（脚刹），行车制动操纵机构是驾驶员实施制动以及制动分泵响应制动的关键部件，其主要构成有制动踏板和真空助力器，如图5-1-1所示。

二、制动踏板的认识

制动踏板就是限制动力的踏板，即脚刹（行车制动器）的踏板，制动踏板用于减速停车。在驾驶员右脚下有两个踏板，左边的大踏板是制动踏板，如图5-1-2所示。

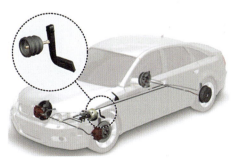

图 5-1-1 行车制动系统

图 5-1-2 制动踏板

制动踏板行程测量

笔记

三、真空助力器

真空助力器一般位于制动踏板与制动主缸之间，为便于安装，通常与主缸合成一个组件，主缸的一部分深入到真空助力器壳体内。如图5-1-3所示。

车辆长时间使用后，可能会出现制动性能下降，影响行车安全，必须保证制动踏板工作参数及真空助力器工作良好，以获得合适的制动力，并保证没有制动拖滞现象。

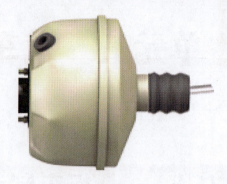

图 5-1-3 真空助力器

 能力训练

一、操作条件

① 设备：整车、工作台、废气抽排装置。
② 工具：车轮挡块、地板垫、座椅套、转向盘套、翼子板布、前格栅布、直尺（0～150 mm）、抹布若干。

二、安全及注意事项

① 当启动发动机时，需按规范操作汽车，观察车外四周情况，并做必要的安全防护，不能盲目启动汽车。
② 对所使用的纸质维修手册、电脑、车辆要及时规整复位，并对场地进行5S工作。

三、操作过程

序号	操作步骤	图解	操作方法及操作标准
1	准备工作		【操作标准】 工具要齐全，摆放要整齐
2	车辆安全防护		【操作方法】 （1）打开车门； （2）安装车内三件套
3	检查制动踏板工作状况		【操作方法】 发动机处于未启动状态，踩踏制动踏板数次 【操作标准】 制动踏板应无异常噪声和松旷

用钢直尺测量制动片厚度

续表

序号	操作步骤	图解	操作方法及操作标准
4	检查真空助力器工作状况		【操作方法】 （1）踩住制动踏板，启动发动机； （2）制动踏板应能自然下沉，无僵硬感，响应性良好，形成助力效果
5	检查制动踏板余量		【操作方法】 用294 N力踩下制动踏板，制动踏板行程余量应大于60mm 【操作标准】 实际值＝测量值＋地胶和脚垫的厚度
6	检查真空助力器真空功能		【操作方法】 （1）踩下制动踏板保持30 s； （2）发动机熄火，松开制动踏板； （3）检查真空助力器真空功能，制动踏板高度应无明显变化
7	检查真空助力器气密性		【操作方法】 踩踏制动踏板数次，检查真空助力器气密性 【操作标准】 制动踏板高度越来越高，确认气密性良好
8	检查制动踏板总高度		【操作方法】 用直尺测量从地板到制动踏板上表面的距离，制动踏板总高度应在115～135mm之间 【操作标准】 实际值＝测量值＋地胶和脚垫的厚度
9	检查制动踏板自由行程		【操作方法】 轻轻按压制动踏板，用直尺测量制动踏板自由行程 【操作标准】 应在1～6mm之间

续表

序号	操作步骤	图解	操作方法及操作标准
10	车辆、工具复位		【操作方法】 （1）取下车内、外防护用品； （2）车辆复位，清洁车身； （3）清洁并整理工具 【操作标准】 严格执行5S操作

【问题情境一】车辆在行驶过程中，当真空助力器的性能失效时，行车制动操纵机构（图5-1-4）还能让汽车实现制动吗？

解决途径：根据行车操纵机构和真空助力器的概念和结构组成来解决问题。

【问题情境二】汽车制动踏板自由行程过大，一般是什么原因导致的？

解决途径：自由行程是制动器间隙和制动力传动机构间隙的总体反映。

图5-1-4　行车制动操作机构

四、学习结果评价

请根据表5-1-1，完成学习结果的自我评价。

表5-1-1　自我评价表

序号	评价内容	评价标准	评价结果（是/否）
1	知识与技能	能检查制动踏板的应用状况	□是　□否
		能测量制动踏板高度	□是　□否
		能测量制动踏板自由行程	□是　□否
		能检查制动踏板行程余量	□是　□否
		能检查真空助力器工作情况	□是　□否
		能检查真空助力器气密性	□是　□否
		检查真空助力器真空功能	□是　□否
2	安全与5S	能对场地进行安全检查	□是　□否
		能安全操作汽车	□是　□否
		能做好安全防护	□是　□否
		能遵守场地日常安全条例	□是　□否
		能使用工具、工位进行整理、复位、清扫	□是　□否
3	总评	能够满足下一步内容学习	□是　□否

对于柴油发动机和汽油发动机，真空助力器中的真空分别来自哪里？

任务二　驻车制动操纵机构检查与维护

 学习目标

1. 能理解驻车制动装置的结构和功用。
2. 能检查驻车制动操纵杆行程。
3. 能检查驻车制动指示灯工作情况。

 核心概念

驻车制动操纵机构：在车辆停放时对车轮进行机械锁定，防止车辆在无人及停驻状态时出现溜车。

 基本知识

一、驻车制动操纵机构在汽车上的布置情况

驻车制动系统是车辆制动系统的重要组成部分，一般称为"手刹"，常见的驻车制动杆一般置于驾驶员右手下垂位置，便于使用，如图5-1-5所示。

进行驻车制动时，向下踏住制动器踏板，向上全部拉出驻车制动杆。欲松开驻车制动，向下踏住制动器踏板，将驻车制动杆向上稍微拉动，用拇指按下手柄端上的按钮，然后将驻车制动杆放低到原始的位置。

二、制动灯

通常情况下，当车辆的制动系统发生故障时（如制动液不足）或当车辆处于驻车制动状态时，驻车制动指示灯会点亮。如图5-1-6所示。

手刹，仪表盘手制动灯亮起

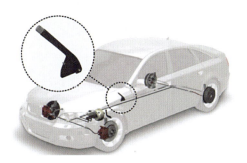

图5-1-5　驻车制动系统

图5-1-6　驻车制动灯点亮

三、驻车制动操纵机构的类型

① 机械式：驻车制动功能通过手或踏板操纵，如图5-1-7所示。
② 电动式：驻车制动功能通过按钮操作或驻车后车辆自动启动驻车制动，如图5-1-8所示。

图 5-1-7 机械式

图 5-1-8 电动式

一、操作条件

① 设备：整车、工作台。
② 工具：车轮挡块、地板垫、座椅套、转向盘套、翼子板布、前格栅布、世达成套工具、抹布若干。

二、安全及注意事项

① 当需启动发动机时，需按规范操作汽车，观察车外四周情况，并做必要的安全防护，不能盲目启动汽车。
② 对所使用的纸质维修手册、电脑、车辆要及时规整复位，并对场地进行5S工作。

三、操作过程

序号	操作步骤	图解	操作方法及操作标准
1	准备工作		【操作标准】 工具要齐全，摆放要整齐
2	车辆安全防护		【操作方法】 （1）打开车门； （2）安装车内三件套
3	检查驻车制动操纵机构		【操作方法】 （1）点火钥匙旋至ON位； （2）拉起驻车制动操纵杆，在操纵杆到达第一个槽口前，检查驻车制动指示灯是否点亮； （3）继续拉起操纵杆，听到"咔嗒"声，并记录次数； （4）释放操纵杆，检查驻车制动指示灯是否熄灭 【操作标准】 驻车制动操纵杆行程应为6～9格

序号	操作步骤	图解	操作方法及操作标准
4	车辆、工具复位		【操作方法】 （1）取下车内、外防护用品； （2）车辆复位，清洁车身； （3）清洁并整理工具 【操作标准】 严格执行5S操作

【问题情境一】在日常行车过程中，是否可以不踩脚刹，直接用手刹拉起驻车杆进行车辆的制动？

解决途径：首先根据驻车制动结构（图5-1-9）和制动性能出发考虑，其次根据行车安全来考虑。

【问题情境二】驻车制动杆（图5-1-10）行程的长短，对汽车制动有何影响？

解决途径：从制动系统的工作原理和制动性能出发来分析。

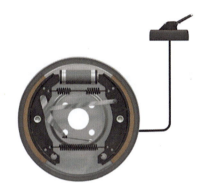

图5-1-9　驻车制动结构

图5-1-10　驻车制动杆

四、学习结果评价

请根据表5-1-2，完成学习结果的自我评价。

表5-1-2　自我评价表

序号	评价内容	评价标准	评价结果（是/否）
1	知识与技能	能找到驻车制动	□是　□否
		能识别驻车制动的类型	□是　□否
		能检查驻车制动杆行程	□是　□否
		能正确操作驻车制动杆	□是　□否
		能认识驻车制动灯	□是　□否
		能判断驻车制动有无故障	□是　□否
2	安全与5S	能对场地进行安全检查	□是　□否
		能安全操作汽车	□是　□否
		能做好安全防护	□是　□否
		能遵守场地日常安全条例	□是　□否
		能使用工具、工位进行整理、复位、清扫	□是　□否
3	总评	能够满足下一步内容学习	□是　□否

课后作业

1. 如作业1图所示，驻车制动可以作用在哪些车轮上？
2. 在极端寒冷的气候条件下停车时，应该怎样操纵驻车制动机构？

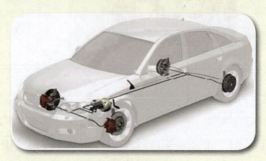

作业1图

任务三　制动管路检查与维护

学习目标

1. 了解制动管路的布置。
2. 会描述制动管路常见的损坏形式。
3. 能正确检查制动管路。

核心概念

制动管路：包括钢管和柔性软管，用接头连接到一起，作用是将从主缸取得的制动液传递到各个车轮制动器。

基本知识

一、制动管路结构

制动管路一般为双回路液压管路，由六根硬管和四根软管组成，如图5-1-11所示。

二、制动管路功用

制动管路连接总泵和分泵，如图5-1-12所示，为制动液的流通、液力的传动提供管道，其技术状况将直接影响行车安全。

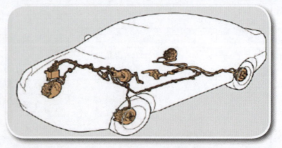

图 5-1-11　制动管路组成

制动管路检查

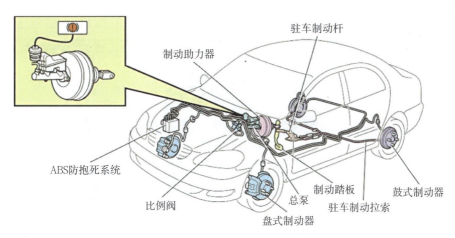

图 5-1-12 制动管路连接总泵和分泵

三、制动管路重要性

制动管路（图 5-1-13）是制动器的重要组成部分，若管路损坏、老化会导致制动液泄漏，制动器不能工作。当制动管路因吸收空气中的湿气或制动液沸腾吸入大量气体，施加在制动分泵上的液压制动力将下降，从而降低制动效能。制动管路中存在气体，还会在分泵上产生锈蚀，使密封圈处泄漏。

检查间隔：每 20000km 或 1 年。

四、制动管路维护项目

① 检查安装于底盘下的制动管路。
② 检查安装于制动器附近的制动软管。
③ 检查安装于机舱的制动管路。

图 5-1-13 制动管路

能力训练

一、操作条件

① 设备：整车、工作台、举升机。
② 工具：车轮挡块、地板垫、座椅套、转向盘套、翼子板布、前格栅布、手套、手电筒、抹布若干。

二、安全及注意事项

① 挡块正确安装。
② 车内、外防护铺设到位。
③ 对所使用的纸质维修手册、电脑、车辆或举升机要及时规整复位，并对场地进行 5S 工作。

三、操作过程

序号	操作步骤	图解	操作方法及操作标准
1	准备工作		【操作标准】 工具要齐全，摆放要整齐

续表

序号	操作步骤	图解	操作方法及操作标准
2	车辆防护		【操作方法】 （1）安装车轮挡块，安装车内防护； （2）拉起驻车制动杆，降下驾驶员侧车窗玻璃，拉发动机舱盖释放杆； （3）打开发动机舱盖，安装翼子板布和前格栅布 【操作标准】 按步骤进行安全防护
3	检查发动机舱内制动管路		【操作方法】 （1）检查管路连接部分有无液体渗漏； （2）检查制动管路有无凹痕、损坏； （3）检查管路固定部件有无松动
4	检查车辆底部制动管路		【操作方法】 （1）将车举升至合适位置； （2）检查制动管路有无凹痕、损坏； （3）检查制动管路有无渗漏； （4）检查管路安装状况是否良好
5	检查制动软管		【操作方法】 （1）偏转车轮至任何一侧极限位置； （2）旋转车轮； （3）检查制动软管安装状况，制动软管应不与车轮或者车身接触； （4）检查制动软管表面有无凸起、老化、开裂、渗漏等现象
6	车辆工具复位		【操作方法】 清洁并整理工具 【操作标准】 严格执行 5S 操作

【问题情境一】车辆就像身体一样，需要液体才能正常工作。车辆最重要的液体是刹车液，当你踩下刹车踏板时，刹车主缸就会把刹车液泵到刹车上。如果你打算检查这个重要液体，该怎么检查呢？

解决途径：打开汽车的发动机盖，找到刹车油壶，在刹车油壶壶身上会有液面刻度线，一个是最高刻度线，一个是最低刻度线。正确的刹车油量应该在2个刻度中间。最高不可以高于最高刻度线，最低不能低于最低刻度线。如图 5-1-14 所示。

刹车油一般是 2 年或 4 万公里左右更换一次。具体需要根据车辆的实际使用情况而定，刹车油具有腐蚀性、吸水性，所以可以使用专用的刹车油检测仪检查刹车油中的含水量，据此判断是否需要更换。还可以根据刹车油的颜色判断，如果颜色发黑也需要更换。

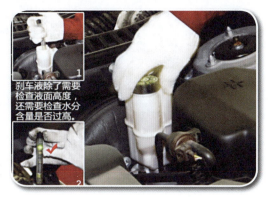

图 5-1-14　刹车油检查

【问题情境二】你的爱车最近刹车时感觉特别没力，可能需要进行制动系统排气，你知道怎么操作吗？

解决途径：当制动系统存在空气时会使制动效能显著衰减，所以每间隔 10 000 km 或 6 个月就要对制动系统进行排空气操作。双人操作进行排气方法：一人踩踏制动踏板，然后踩住，给制动系统加压；另一人拧松放气螺帽，进行排空气操作，当流出液体中无气泡时按规定扭矩拧紧放气螺帽，操作完毕；反复进行，确保制动系统没有空气。

四、学习结果评价

请根据表 5-1-3，完成学习结果的自我评价。

表 5-1-3　自我评价表

序号	评价内容	评价标准	评价结果（是/否）
1	知识与技能	了解制动管路的布置	□是　□否
		会描述制动管路常见的损坏形式	□是　□否
		能正确检查制动管路	□是　□否
2	安全与5S	能对场地进行安全检查	□是　□否
		能安全进行车辆防护	□是　□否
		能做好安全防护	□是　□否
		能遵守场地日常安全条例	□是　□否
		能使用工具、工位进行整理、复位、清扫	□是　□否
3	总评	能够满足下一步内容学习	□是　□否

1. 车辆正常行驶着发现制动突然失灵，会是什么原因引起的制动问题呢？
2. 在冬季，压缩空气将一些水分带入管路，随温度下降，水和污物结成冰块堵塞管路会引起什么故障？

任务四　盘式制动器检查与维护

1. 理解盘式制动装置的结构和功用。
2. 掌握拆装盘式制动器的方法。
3. 掌握检查盘式制动器各主要部件的方法。

盘式制动器摩擦副中的旋转元件是以端面工作的金属圆盘，称为制动盘。摩擦元件从两侧夹紧制动盘而产生制动。固定元件则有多种结构形式，大体上可将盘式制动器分为钳盘式和全盘式两类。

一、盘式制动器结构

盘式制动器是当前小型乘用车的主流制动形式，主要部件由制动盘、摩擦片、制动分泵和制动卡钳等组成，如图5-1-15所示。

二、盘式制动器功用

在驾驶员踩踏力作用下，通过制动管路，将液力作用于制动分泵，分泵推动摩擦片，使之与制动盘之间形成摩擦制动力，即对车轮进行制动。如图5-1-16所示。

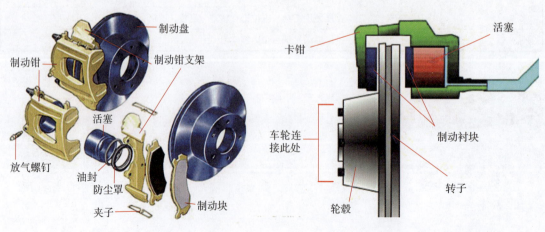

图 5-1-15　盘式制动器　　　　　　图 5-1-16　盘式制动器工作原理

单元五 汽车底盘维护

三、盘式制动器重要性

盘式制动器的好坏将直接影响行车安全，盘式制动器在使用一段时间后，可能会出现制动分泵渗漏、摩擦片异常磨损、制动盘损坏等现象，这将导致制动性能下降或严重后果。因此，必须对盘式制动器定期进行检查与维护。

检查间隔：每10000km或6个月。

四、盘式制动器维护项目（图5-1-17）

① 制动卡钳外观检查；
② 摩擦片检查与测量；
③ 制动盘检查与测量。

图5-1-17 盘式制动器检查

能力训练

一、操作条件

① 设备：整车、工作台、举升机、轮胎架、空气压缩机、废气抽排装置。
② 工具：车轮挡块、地板垫、座椅套、转向盘套、翼子板布、前格栅布、手套、气动扳手、世达成套工具、S形挂钩、扭矩扳手两把（10～100N·m、40～340N·m）、千分尺（0～25mm）、直尺（0～150mm）、抹布若干。

二、安全及注意事项

① 挡块正确安装。
② 车内、外防护铺设到位。
③ 对所使用的纸质维修手册、电脑、车辆或举升机要及时规整复位，并对场地进行5S工作。

三、操作过程

序号	操作步骤	图解	操作方法及操作标准
1	准备工作		【操作标准】 工具要齐全，摆放要整齐
2	车辆防护		【操作方法】 （1）安装车轮挡块，安装车内防护； （2）拉起驻车制动杆，降下驾驶员侧车窗玻璃，拉发动机舱盖释放杆； （3）打开发动机舱盖，安装翼子板布和前格栅布 【操作标准】 按步骤进行安全防护
3	拆卸车轮		【操作方法】 （1）举升车辆至合适位置； （2）检查气动扳手； （3）使用气动扳手按照对角交叉顺序拆卸车轮； （4）取下车轮，置于轮胎架上

175

续表

序号	操作步骤	图解	操作方法及操作标准
4	拆卸制动卡钳		【操作方法】 （1）对角拧上两颗车轮螺母； （2）将制动盘向外转动一定角度； （3）旋松制动卡钳固定螺栓
5	拆卸摩擦片		【操作方法】 （1）旋下卡钳下固定螺栓； （2）用挂钩吊起制动卡钳； （3）取下摩擦片 【操作标准】 注意：在拆卸时，防止摩擦片消音垫片松动掉落
6	检查制动分泵		【操作方法】 （1）检查制动分泵密封圈有无老化、渗漏； （2）检查滑动支承销有无锈蚀、卡滞
7	检查摩擦片		【操作方法】 （1）检查内、外摩擦片工作面有无异常磨损； （2）测量3个位置的厚度 【操作标准】 注意：当厚度不足规定时，建议进行更换
8	检查制动盘外观		【操作方法】 （1）清洁制动盘工作表面； （2）检查制动盘外观，应无损坏或异常磨损

续表

序号	操作步骤	图解	操作方法及操作标准
9	测量制动盘厚度		【操作方法】 （1）千分尺清洁并校零； （2）在距制动盘边缘 10 mm 处，测 3 个点，测量制动盘厚度，取最小值；制动盘厚度应不小于 19 mm； （3）清洁并复位量具 【操作标准】 注意：制动盘厚度为 19～22 mm
10	测量制动盘端面圆跳动		【操作方法】 （1）用专用工具配合扭力扳手，以规定扭矩（标准：103 N·m）对角紧固两颗车轮螺母； （2）安装百分表，转动制动盘一周，记录偏摆量，偏摆量应不大于 0.05 mm； （3）测量完毕，清洁并收回量具
11	安装摩擦片		【操作方法】 （1）在摩擦片的消音垫片上涂少量高温润滑脂； （2）安装摩擦片 【操作标准】 注意：摩擦片的安装位置和方向；摩擦片工作面不能沾有油脂
12	安装制动卡钳		【操作方法】 （1）取下挂钩，安装制动卡钳，将卡钳下固定螺栓紧固至 34 N·m； （2）回正制动盘，拆下车轮螺母
13	安装车轮		【操作方法】 （1）按照对角交叉顺序预紧车轮螺母； （2）将车降至地面； （3）以 103 N·m 的扭矩，按照对角交叉顺序，紧固车轮螺母
14	车辆工具复位		【操作方法】 清洁并整理工具 【操作标准】 严格执行 5S 操作

【问题情境一】 假如你检查爱车的时候，发现制动液液位偏低，能直接用水做应急补充吗？如图 5-1-18 所示。

解决途径：制动液不能混入水，因为水会降低制动液的沸点，易产生汽化，从而使制动系统失效；不同级别的制动液不能混合使用，化学反应会降低制动液的沸点和品质；制动液易挥发，使用后必须用盖子密封；制动液有一定的腐蚀性，操作过程要佩戴手套，若制动液溅出或者粘附车身表面，需立即用水冲洗。

【问题情境二】 是不是每次保养都需要进行摩擦片的更换？如图 5-1-19 所示。

解决途径：摩擦片的磨损极限厚度是 1 mm，根据行驶距离估计下次维护时摩擦片的剩余厚度，当厚度不足时，进行更换。

图 5-1-18　添加制动液　　　　图 5-1-19　摩擦片

四、学习结果评价

请根据表 5-1-4，完成学习结果的自我评价。

表 5-1-4　自我评价表

序号	评价内容	评价标准	评价结果（是/否）
1	知识与技能	理解盘式制动装置的结构和功用	□是　□否
		掌握拆装盘式制动器的方法	□是　□否
		掌握检查盘式制动器各主要部件的方法	□是　□否
2	安全与5S	能对场地进行安全检查	□是　□否
		能安全进行车辆防护	□是　□否
		能做好安全防护	□是　□否
		能遵守场地日常安全条例	□是　□否
		能对工具、工位进行整理、复位、清扫	□是　□否
3	总评	能够满足下一步内容学习	□是　□否

1.李某为了节省一笔费用，制动液更换时表示不需要，还能用，你会怎么和他沟通？

2.徐某自己学习相关知识后，准备自己更换制动液，结果不小心将玻璃水误操作当成制动液混入其中，他该怎么办？

任务五　鼓式制动器检查与维护

1. 掌握鼓式制动器制动蹄片使用状况检查的方法。
2. 掌握鼓式制动器制动鼓使用状况检查的方法。
3. 掌握鼓式制动器制动间隙调整的方法。

核心概念

制动器：具有使运动部件（或运动机械）减速、停止或保持停止状态等功能的装置。如图5-1-20所示。

鼓式制动器：利用制动传动机构使制动蹄将制动摩擦片压紧在制动鼓内侧，从而产生制动力，根据需要使车轮减速或在最短的距离内停车，以确保行车安全，并保障汽车停放可靠不能自动滑移。如图5-1-21所示。

图5-1-20　制动器　　　　图5-1-21　汽车鼓式制动器

基本知识

一、电子鼓式制动器的构造

鼓式制动器可以应用在前轮，也可以应用在后轮。鼓式制动器相对盘式制动器有更多的组成部件，其基本部件主要包括底板、制动轮缸、回位弹簧、限位弹簧、调节器、制动蹄、制动鼓等。如图5-1-22所示。

二、鼓式制动器的分类

鼓式制动器分为双领蹄式、双从蹄式、领从蹄式。鼓式车轮制动器一般用在大车，以气压助力制动蹄片为多，也有真空助力的。现在小车都是碟式制动装置，有前蹄后鼓和前后蹄两种，都是真空助力的。

图5-1-22　鼓式制动器的结构示意图

鼓式制动器

三、鼓式制动器的工作原理

当施加制动力时，制动踏板作用力经真空助力器助力后传递到制动主缸。制动主缸将液压油压送入制动管和制动软管，在液压压力的作用下，制动轮缸活塞推动制动蹄外张，使之与制动鼓接触，制动蹄与制动鼓之间的摩擦力迫使制动鼓的转速下降，从而降低车速，最终使车辆停止行驶。当解除制动力时，液压系统的液压压力下降，在回位弹簧的作用下，制动轮缸活塞回位，制动蹄与制动鼓分离，两者间的摩擦力消失。如图 5-1-23 所示。

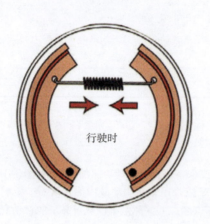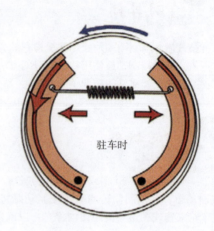

图 5-1-23　鼓式制动器的工作原理示意图

四、鼓式制动器的优点

鼓式制动器造价便宜，而且符合传统设计。四轮轿车在制动过程中，由于惯性的作用，前轮的负荷通常占汽车全部负荷的 70%～80%，前轮制动力要比后轮大，后轮起辅助制动作用，因此轿车生产厂家为了节省成本，就采用前盘后鼓的制动方式。不过对于重型车来说，由于车速一般不是很高，刹车蹄的耐用程度也比盘式制动器高，因此许多重型车至今仍使用四轮鼓式的设计。

五、鼓式制动器的缺点

鼓式制动器的制动效能和散热性都要差许多，鼓式制动器的制动力稳定性差，在不同路面上制动力变化很大，不易于掌控。而由于散热性能差，在制动过程中会聚集大量的热量。制动块和轮鼓在高温影响下较易发生极为复杂的变形，容易产生制动衰退和振抖现象，引起制动效率下降。

一、操作条件

① 设备：教学用车、举升机。
② 工具：转向盘套、翼子板布、前格栅布、成套世达工具、轮毂测量专用游标卡尺 1 把、抹布若干、制动背板专用润滑脂 1 桶。

二、安全及注意事项

① 在进行操作时，需按规范安装车轮挡块，并做必要的安全防护，关闭点火开关，不能盲目进入车辆进行相关操作。
② 对所使用的纸质维修手册、电脑、车辆或科伦挡块，三件套要及时规整复位，并对场地进行 5S 工作。

三、操作过程

序号	操作步骤	图解	操作方法及操作标准
1	工具准备		【操作方法】 实操所需工具，如左图，工具要齐全，摆放要整齐 【操作标准】 工具准备要齐全，摆放要到位
2	车辆防护与预检		【操作方法】 （1）安装车轮挡块，安装车内防护； （2）拉起驻车制动杆，降下驾驶员侧车窗玻璃，拉发动机舱盖释放杆； （3）打开发动机舱盖，安装翼子板布和前格栅布； （4）进行车辆预检 【操作标准】 车轮挡块安装要到位，驻车制动要到底，确保车辆不发生移动
3	鼓式制动器制动蹄片使用状况检查		【操作方法】 （1）用粉笔在轮胎和轮毂上划出记号，确定轮胎装配时的安装位置，然后用气动专用工具按交叉顺序拆下轮胎； （2）在制动鼓与轮毂法兰之间做上标记，取下制动鼓。若制动鼓与轮毂法兰之间配合较紧，较难取下时，可在制动鼓螺栓孔上拧入两个螺栓，均匀地拧紧将制动鼓顶出
4	检查制动蹄片在回位弹簧作用下的回位状况		【操作方法】 用手沿分泵运动方向拉动两侧制动蹄片，松手后，观察制动蹄片在回位弹簧的作用下是否能够自动回位 【操作标准】 制动蹄片在回位弹簧的作用下应能够自动回位，否则予以检修。
5	检查制动分泵的密封性		【操作方法】 用抹布擦拭分泵位置，检查制动分泵是否存在泄漏 【操作标准】 分泵位置处应无泄漏，否则修理制动分泵

续表

序号	操作步骤	图解	操作方法及操作标准
6	检查制动蹄片，清洁制动蹄片、背板、制动鼓		【操作方法】按顺序拆下制动蹄片，清洁制动蹄片、背板、制动鼓上的灰尘 【操作标准】清洁要到位彻底，清洗结束后要彻底干燥
7	检查制动蹄片的磨损状况		【操作方法】检查制动蹄片的表面磨损，标准为制动蹄片表面沟槽深度不大于1mm，无制动液或齿轮油等，如有油污应彻底清洁
8	用直尺测量制动蹄片摩擦材料厚度		【操作方法】用直尺测量制动蹄片摩擦材料厚度，标准为不小于新制动蹄片摩擦材料厚度的1/3
9	鼓式制动器制动鼓使用状况检查		【操作方法】 (1) 用专用游标卡尺测量制动鼓内径，检查制动鼓内表面的磨损量是否在允许值范围内； (2) 检查制动鼓表面磨损状况，沟槽深度不大于1mm

续表

序号	操作步骤	图解	操作方法及操作标准
10	鼓式制动器制动间隙调整		【操作方法】 （1）将制动鼓安装到后轮毂法兰上（对正制动鼓与后轮法兰之间的标记），轮胎螺母按标准扭力数拧紧。 （2）制动间隙的调整操作： ① 制动间隙手动调整式。 用专用工具或平口起子拨动调整棘轮，向制动间隙变小方向调整，当制动蹄片和制动鼓充分接触后，再退回棘轮3～5响，并确保制动鼓能自由转动。 ② 制动间隙自动调整式。 松开驻车制动器，用力踏压制动踏板，当后制动器中没有"咔哒"声响时，制动间隙自动调整完毕 【操作标准】 制动间隙调整完毕后，一定要检查制动器迟滞性，即踩下制动踏板再松开时，制动蹄片能立刻回位，制动鼓与制动蹄片脱离接触。若存在制动器迟滞，应将制动鼓与制动蹄片间隙调大一些

【问题情境一】一客户反映汽车在制动时制动距离较长，经过维修技师的检查，汽车的制动器为鼓式制动器。请根据所学知识简要写出鼓式制动器的检查方法。

解决途径：根据制动器的检查与维护的方法进行总结。

【问题情境二】小明和爸爸在讨论关于如何让汽车停下来的问题，爸爸说要让汽车停止，必须要借助制动器，但是小明不知道什么是制动器，请你告诉小明什么是制动器。

解决途径：从制动器的组成功用等内容入手。

四、学习结果评价

请根据表5-1-5，完成学习结果的自我评价。

表5-1-5 自我评价表

序号	评价内容	评价标准	评价结果（是/否）
1	知识与技能	了解鼓式制动器的组成	□是 □否
		了解鼓式制动器的功用	□是 □否
		了解鼓式制动器的分类	□是 □否
		掌握鼓式制动器拆卸与安装的步骤和注意事项	□是 □否
		运用所学内容解决车辆相关故障	□是 □否
2	安全与5S	能对场地进行安全检查	□是 □否
		能安全启动车辆	□是 □否
		能做好安全防护	□是 □否
		能遵守场地日常安全条例	□是 □否
		能对工具、工位进行整理、复位、清扫	□是 □否
3	总评	能够满足下一步内容学习	□是 □否

1. 简要回答鼓式制动器的工作原理。
2. 回答如何进行鼓式制动器制动间隙的调整。

项目二　悬架系统检查与维护

任务一　悬架检查与维护

学习目标

1. 了解前悬架系统工作原理及部件组成。
2. 掌握前悬架系统外观检查以及固定情况检查的方法。

核心概念

悬架系统：指由车身与轮胎间的弹簧和避震器组成的整个支持系统。

基本知识

一、悬架的作用

汽车悬架系统的作用是最大限度地增加轮胎与路面之间的摩擦力，能够提供良好的转向操纵性和稳定性，以及确保乘客的舒适度。它能够吸收垂直加速车轮的能量，使车轮顺着路面上下颠簸的同时车架和车身不受干扰。一般采用的前悬架为麦弗逊式独立悬架，包括以下部件：弹簧、减振器和稳定杆等。如图5-2-1所示。

二、悬架系统部件工作原理

悬架主要通过弹簧、减振器相配合进行载重与支承。

1. 弹簧

弹簧的刚度会影响汽车行驶时簧载质量的响应情况，弹簧刚度过小的汽车可以彻底消除颠簸并提供极平稳的行驶感觉，但同时在制动和加速过程中易产生俯冲和蹲伏现象，在转弯时易产生侧倾和翻滚趋势。弹簧刚度过大的汽车在颠簸路面上的平稳性稍差，但车身移动非常小，这意味着即使是在转弯时，也可以用较快的方式来驾驶车辆。因为弹簧在吸收能量方面的性能极佳，但在耗散能力方面要稍差一些。因此，悬架系统需要使用一种称为减振器的部件。如果不使用减振器，弹簧将以不可控制的速率弹开并释放它所吸收的颠簸能量，并继续按其自身频率弹起，直到耗尽最初施加在它上面的所有能量。构建在弹簧上的悬架自身会使汽车根据地形以弹跳方式行驶且不受控制。

2. 减振器

减振器（图5-2-2）通过一种称为阻尼的过程来控制不希望发生的弹簧运动。减振器通过将悬架运动的动能转换为可通过液压油耗散的热能，来放缓和减弱振动性运动的大小。弹簧与减振器组成部件如图5-2-3所示。减振器的上支座连接到车架（即

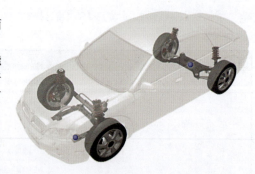

图5-2-1　汽车悬架系统

图5-2-2　减振器

簧载质量），下支座靠近车轮连接到轴（即非簧载质量）。在双筒设计中，减振器最常见的类型之一是上支座连接到活塞杆，活塞杆连接到活塞，而活塞位于充满液压油的筒中。内筒称为压力筒，外筒称为储油筒。储油筒存储多出的液压油。当车轮遇到颠簸路面并导致弹簧压紧和拉伸时，弹簧的能量通过上支座传递到减振器，并经由活塞杆向下传递到活塞。活塞上打有孔，当活塞在压力筒内上下运动时，液压油可通过这些小孔渗漏出来。因为这些孔非常微小，所以在很大的压力下也只能有很少的液压油通过。这样就减缓了活塞的运动速度，从而使弹簧的运动缓慢下来。减振器的工作包括两个循环——压缩循环和拉伸循环。压缩循环是指活塞向下运动时压缩其下面的液压油；拉伸循环是指活塞向上运动到压力筒顶部时其上方的液压油。

对于典型的汽车，其拉伸循环的阻力要比其压缩循环的阻力大。此外还要注意，压缩循环控制的是车辆非簧载质量的运动，而拉伸循环控制的是相对更重的簧载质量的运动。现代所有的减振器都带有速度传感功能，悬架的运动速度越快，减振器提供的阻力越大。这使得减振器能够根据路况进行调整，并控制行驶的车辆中可能出现的所有不希望发生的运动，包括弹跳、侧倾、制动俯冲和加速蹲伏等。

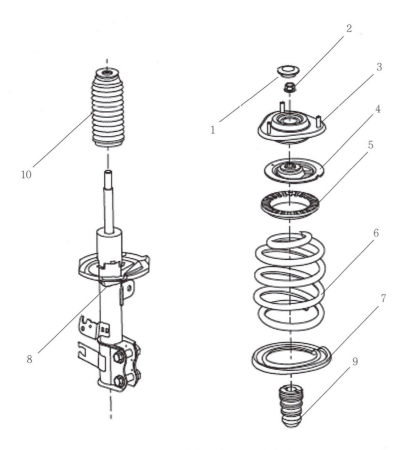

图 5-2-3　弹簧与减振器组成部件

1-前减振器上支座防尘盖；2-锁止螺母；3-前减振器上支座；4-前螺旋弹簧上支座；5-前螺旋弹簧上隔振垫；6-前悬架螺旋弹簧；7-前螺旋弹簧下隔振垫；8-左前减振器总成；9-前减振器缓冲块；10-前减振器防尘罩

三、悬架系统部件的组成

悬架系统各部件一般组成如图 5-2-4 所示。

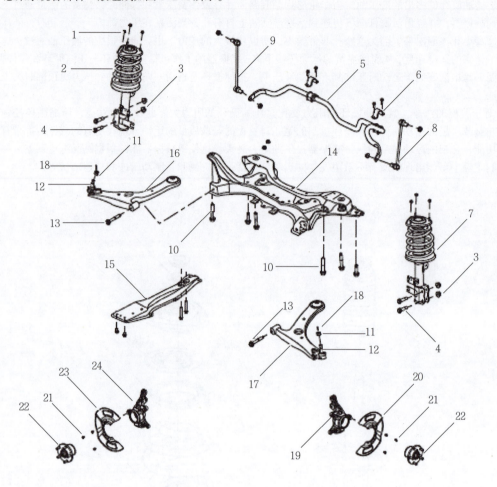

图 5-2-4　悬架系统各部件组成

1—前减振器上螺母；2—右前支柱总成；3—前减振器与转向节连接螺母；4—前减振器与转向节连接螺栓；5—前稳定杆；6—前稳定杆固定夹、衬套及螺栓；7—左前支柱总成；8—左前稳定杆连接杆总成；9—右前稳定杆连接杆总成；10—前下摆臂后连接螺栓；11—球头槽形螺母；12—前下摆臂球头；13—前下摆臂前连接螺栓；14—前副车架；15—纵梁；16—右前下摆臂总成；17—左前下摆臂总成；18—开口销；19—左转向节；20—左前防尘罩；21—防尘罩安装螺栓；22—前轮毂总成；23—右前防尘罩；24—右转向节

一、操作条件

① 设备：举升机、新能源整车、气源。
② 工具：绝缘扭力扳手（100～150N·M）、双色绝缘开口扳手、3/8VDE 绝缘公制套筒、3/8 双色 VDE 绝缘棘轮扳手。

二、安全及注意事项

① 车下操作人员需要着安全鞋、安全帽、防尘口罩和护目镜，佩戴防护手套；
② 维修车辆时必须锁止举升机才能进入车下作业，操作举升机前必须查看是否还有操作人员在车下，确认无安全危险才可操作；
③ 悬架部件包含弹簧等弹性配件，固定器需要两个或两个以上为一组进行固定，否则容易引发人员伤害。

三、操作过程

序号	操作步骤	图解	操作方法及操作标准
1	安全防护		【操作方法】 车下操作人员需要着安全鞋、安全帽、防尘口罩和护目镜，佩戴防护手套 【操作标准】 不允许有遗漏
2	认知前悬架部件并检查外观及固定情况		【操作方法】 按照由前及后、由左到右的顺序指认部件 【操作标准】 准确查找并记录各零件位置，能根据其外观情况进行判断维护需求，检查各紧固件紧固情况
3	指认减振器工作位置，说明其工作原理并检查减振器是否有漏油情况		【操作方法】 用抹布进行清洁并检查液压油泄漏 【操作标准】 清楚说明减振器各组成部件及位置关系，抹布有油污即说明减振器有泄漏，应进一步检查与判断
4	横拉杆长度及锁止螺母松紧度检查		【操作标准】 用扭力扳手调至60N·m加固横拉杆锁止螺母 【操作标准】 扭力扳手使用过程中遵循"只拉不推"的原则，按照规定扭矩上紧

187

笔记

【问题情境一】接待客户时,客户反映前段时间与其他车辆发生了小碰撞,重新换了大灯并对保险杠进行喷漆处理,修好后在高速行驶时需要一直握紧转向盘,手松开转向盘后车辆会跑偏,不知道是否与上一次事故有关。

解决途径:很有可能有关。因为事故可能破坏了车辆的车轮定位角,导致车辆跑偏及轮胎"吃胎"现象。车辆出厂时有设定好的车轮定位角度,如图 5-2-5 所示,如遇事故或者长期使用破坏了原有值必然会导致车辆跑偏或吃胎现象。

【问题情境二】很多豪华车价格几十甚至上百万,它在悬架这一方面有哪些地方跟普通车不一样呢?

解决途径:如图 5-2-6 所示,左图为模拟高档车的悬架及减振器,右图为低档车的悬架及减振器,在通过路面障碍时悬架吸能效果、恢复性能较好的车辆不会导致驾乘位置的颠簸与浮动,而性能相对较差的悬架起伏较大,舒适性较低。

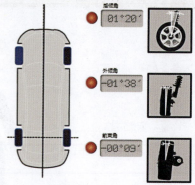

图 5-2-5 车轮定位

图 5-2-6 不同挡位车悬架及减振器

四、学习结果评价

请根据表 5-2-1,完成学习结果的自我评价。

表 5-2-1 自我评价表

序号	评价内容	评价标准	评价结果(是/否)
1	知识与技能	能正确查找悬架各组成部件并叙述其名称	□是 □否
		能根据悬架部件结构讲述该部件的作用	□是 □否
		能根据不同车型悬架的区别阐述各自不同的特点	□是 □否
2	安全与5S	能针对对应修理位置选用不同标准要求的工具	□是 □否
		提前准备好警戒隔离措施	□是 □否
		在操作前检查专用维修工位接地线	□是 □否
3	总评	"是"与"否"在本次评价中所占百分比	"是"占___% "否"占___%

 **课后作业**

1. 有些车辆从前面观察其两个前轮是呈"立"字形的，但有些车辆又是外八字形的，请按照这样的特征至少举例两种车型，并讲述其原因。

2. 车辆在单轮通过路面凹坑时有些车型驾乘人员在车内会明显感觉车辆倾斜，但有些车型感觉不明显，请根据作业2图提示归纳其原因。

作业2图

任务二　车轮、轮胎检查与维护

 **学习目标**

1. 掌握不同轮胎尺寸和标记的识读方法。
2. 掌握车轮动平衡的操作方法。
3. 能辨别轮胎的异常磨损。

 **核心概念**

轮胎尺寸和标记：轮胎体上关于轮胎信息的字母和数字。
车轮动平衡：指使车轮旋转时无因不平衡质量引起的振动与附加力偶。
轮胎的异常磨损：指正常轮胎在行驶过程中所发生的磨损速度加快，胎面形状出现异常的状态。

 **基本知识**

一、轮胎尺寸和标记的识读（图5-2-7）

例如：185/80R 14 95S
185 代表轮胎宽度（单位为毫米）。
80 代表轮胎高度与宽度的百分比。
R 代表此轮胎为子午线轮胎。
14 代表轮辋直径（单位为英寸）。
95 为负荷指数。
S 为速度等级。
轮胎还标注其生产日期，例如，1204，前两个数字（12）代表轮胎生产的星期，后两位数字代表（04）代表轮胎生产的年份。

图5-2-7　轮胎尺寸标记

测量轮胎花纹深度

二、轮胎跳动的检查

用百分表测量车轮跳动量，可以在车上和车下测量，但要确保安装表面正确，测量时既可以装轮胎测量，也可不装轮胎测量，在轮辋法兰内侧和外侧测量径向和端面跳动，将千分表固定在车轮和轮胎总成旁边，缓慢转动车轮一圈并记录百分表读数，如果测量值超过如下规格，且车轮平衡也不能消除振动，则更换车轮。轮胎跳动的检查与识别如图5-2-8、图5-2-9所示。

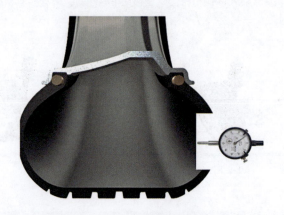
图 5-2-8 轮胎跳动的检查

图 5-2-9 轮胎跳动的识别

三、轮胎平衡机的使用

轮胎动平衡是影响车轮振动的主要因素，如果车辆在高速下发生振动，应首先进行动平衡。在车下进行双面动平衡，校正轮胎和车轮总成的不平衡，车上最后平衡能校正制动盘或轮毂罩的不平衡。

车轮平衡机用于检测并消除车轮的不平衡问题。

使用时应确保车轮的中心与车轮平衡机的转轴轴心重合（对中），否则平衡过程中车轮会出现摇晃、振动。对中的方法有三种：车轮螺栓孔对中；车轮中孔对中；车轮螺栓孔和中孔对中。

轮胎平衡机带有一个或多个测量臂，用于测量轮辋直径、轮辋宽度、轮辋到车轮平衡机上参考点的距离。如图5-2-10所示。

图 5-2-10 轮胎动平衡机

一、操作条件

① 设备：车轮平衡机。
② 工具：拆卸轮胎风炮、套筒组件。

二、安全及注意事项

① 不允许戴棉线手套进行风炮操作及平衡机操作；
② 举升车辆拆卸车轮时要严格按照举升机操作规程操作，锁止举升机后方可进行操作；
③ 对所使用的纸质维修手册、电脑、车辆或举升机要及时规整复位，并对场地进行5S工作。

三、操作过程

序号	操作步骤	图解	操作方法及操作标准
1	准备工作		【操作方法】 （1）将测量臂置于轮辋边缘内侧顶部，车轮平衡机会记录各项所需信息； （2）平衡开始前将保护罩盖上 【操作标准】 用风炮1挡松开整车车轮并安装到轮胎动平衡机上
2	输入各项数据		【操作方法】 拖动测量臂，将其置于轮辋边缘内侧顶部 【操作标准】 按照机器所示图标位置进行测量
3	盖上保护罩		【操作标准】 确保保护罩盖好
4	调整平衡块		【操作方法】 （1）动平衡测试完成后，车轮平衡机会知道轮辋的什么位置需要放置平衡块； （2）缓慢转动车轮，当平衡机上的两个箭头同时变为灰色时候，就说明需要在此时轮辋的顶部放置平衡块 【操作标准】 对于钢制轮辋，应使用卡勾式平衡块； 对于轻金属轮辋，应使用粘贴式平衡块。卡勾式平衡块会对轻金属轮辋造成损伤
5	再次测试平衡值		【操作标准】 反复步骤4，直到符合平衡数值为止

笔记

笔 记

【问题情境一】车轮不平衡时一般会在高速时造成车辆的上下簸动,如图 5-2-11 所示。是否意味着轮胎只要上下不跳动就达到了车轮平衡的要求？

解决途径：巩固车轮动平衡的检测方法。首先用动平衡机测算出径向跳动值,用平衡块补偿好其偏差,再测出其轴向偏差值,即对应百分表测量的轴向跳动量。

【问题情境二】结合图 5-2-12 与实物在图中标记出轮胎有哪些地方会出现异常磨损,一般是什么原因导致的？

解决途径：从胎冠、胎侧、胎肩及胎唇四个位置的异常磨损来对应图片和实物进行标记。

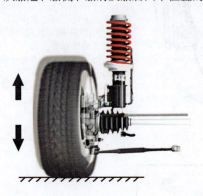 

图 5-2-11　车轮的不平衡　　　　图 5-2-12　车轮的异常磨损

四、学习结果评价

请根据表 5-2-2,完成学习结果的自我评价。

表 5-2-2　自我评价表

序号	评价内容	评价标准	评价结果（是/否）
1	知识与技能	能找到各种轮胎标记	□是　□否
		能识别轮胎标记所表达的含义	□是　□否
		掌握轮胎平衡机的操作方法	□是　□否
		掌握轮胎动平衡补偿的方法	□是　□否
		能找到轮胎表面异常磨损位置	□是　□否
		能根据异常磨损位置判别其大概形成的原因	□是　□否
2	安全与5S	能对场地进行安全检查	□是　□否
		能做好安全防护	□是　□否
		能遵守场地日常安全条例	□是　□否
		能使用工具、工位进行整理、复位、清扫	□是　□否
3	总评	能够满足下一步内容学习	□是　□否

1.请标记出作业 1 图轮胎横截面各个不同位置的名称。

2.请看作业 2 图,三种不同花纹的轮胎各有不同,请大致描述不同花纹轮胎的功用（可以查阅资料）。

作业 1 图　　　　　　　　　　作业 2 图

任务三　四轮定位综合检测维修

1. 理解和掌握车轮的定位参数。
2. 掌握检测车辆四轮定位参数的方法。
3. 掌握调整车辆四轮定位参数的方法。

车轮定位参数：包括主销后倾角、主销内倾角、车轮外倾角和前轮前束。
车轮定位参数检测：使用四轮定位仪对车辆的车轮定位参数进行测量。
车轮定位参数调整：使车辆定位参数在一定范围内变化，满足使用要求。

一、车轮定位参数

1. 主销后倾角

（1）定义　转向节主销轴线或假想的主销轴线（某些独立悬架的汽车无实际主销）在纵向平面内向后倾斜，与铅垂线所形成的夹角称为主销后倾角（图 5-2-13）。

（2）主销后倾角的作用　主销后倾角的大小影响转向稳定性及转向后转向盘自动回正能力，后倾角越大，回正能力越强，转向越费力。

（3）主销后倾角的分类
① 正后倾，$\gamma > 0$；

拍摄亨特四轮定位操作

② 零后倾，$\gamma = 0$；
③ 负后倾，$\gamma < 0$。

2. 主销内倾角 β

（1）定义　转向节主销轴线或假想的主销轴线在横向平面内向内倾斜，与铅垂线所形成的夹角称为主销内倾角（图5-2-14）。

（2）主销内倾角的作用　主销内倾角使前轮自动回正，转向轻便，并减小汽车行驶时路面通过车轮传给转向机构的冲击力。

3. 车轮外倾角 α

（1）定义　车轮中心平面与铅垂线的夹角称为外倾角。即汽车在横向平面内，车轮几何中心线与地面铅垂线的夹角。

（2）车轮外倾角的作用　车轮外倾角调整车辆负载作用于轮胎的中心，消除跑偏，减少轮胎磨损。

（3）主销外倾角的分类

① 正外倾。从前后方向看车轮时，轮胎并非垂直安装，车轮顶端向远离车辆中心平面倾斜被称为车轮正外倾。

② 负外倾。从前后方向看车轮时，轮胎并非垂直安装，车轮顶端向车辆中心平面倾斜被称为车轮负外倾。

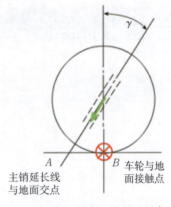

图5-2-13　主销后倾角

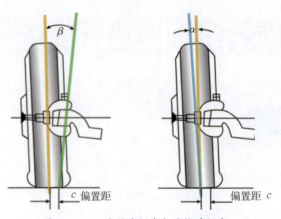

图5-2-14　主销内倾角与平轮外倾角

4. 前轮前束

（1）定义　前轮前束是以推力线与几何中心线重合作为参考直线，左右轮胎的中心线与其的夹角，如图5-2-15所示。通俗地讲，两前轮后端距离 A 大于前端距离 B，其差值 $A-B$ 也可称为前轮前束值。

（2）前轮前束的作用　消除由于外倾角所产生的轮胎侧滑。

二、四轮定位参数不准的故障原因分析

1. 跑偏现象形成的原因

① 前轮主销后倾角左右不对称，偏差超过0.5°。车辆向主销后倾角较小的一侧跑偏。

② 前轮外倾角左右不对称，偏差超过0.5°。车辆向前轮外倾角正值较大的一侧跑偏。

③ 后轮外倾角左右不对称，偏差超过0.5°。车辆向后轮外倾角较小的一侧跑偏。

2. 吃胎现象形成的原因

① 轮胎外缘磨损，外倾角太大或悬挂件磨损。
② 轮胎内缘磨损，外倾角太小或悬挂件磨损。
③ 轮胎外缘羽毛状磨损，轮胎外缘快速磨损，前束角太大形成内八字。

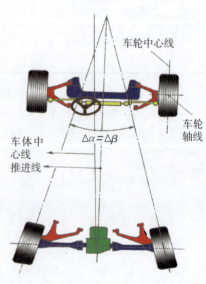

图5-2-15　前轮前束

④ 轮胎内缘羽毛状磨损，轮胎内缘快速磨损，前束角成负值形成外八字。

三、四轮定位仪的使用

四轮定位检测对于保障车辆的舒适性和安全性至关重要，车辆在使用过程中，车轮定位参数会由于悬架系统零件的磨损、路面颠簸、交通事故、更换相关零件以及更换轮胎等原因而发生变化，有可能产生轮胎异常磨损、油耗增加、转向沉重、转向盘不正或抖动、行车漂浮、偏向行驶等现象。正确的四轮定位能够使车辆保持相对稳定的直线行驶，并且使转向轻便，减少轮胎与转向机构的磨损，降低油耗，提高车辆的行驶稳定性、操纵性能和安全性能。四轮定位通过四轮定位仪进行测量，如图 5-2-16 所示。

图 5-2-16　四轮定位仪

一、操作条件

① 设备：四轮定位仪。
② 工具：胎压表、胎纹深度尺、定扭扳手等。

二、安全及注意事项

① 定位检测前，需要检查车辆悬架系统、转向系统、车轮轴承等不存在明显的间隙和损坏现象。轮胎气压正常、胎纹深度正常。
② 车辆在四轮定位举升机上停放周正，满足相关要求。
③ 在举升车辆时，需按规范操作举升机，并做必要的安全防护，不能盲目举车或进入车底。
④ 进入车辆底部时，不要盲目碰触举升锁止设备，避免危险。
⑤ 对所使用的纸质维修手册、电脑、车辆或举升机要及时规整复位，并对场地进行 5S 工作。

三、操作过程

序号	操作步骤	图解	操作方法及操作标准
1	准备工作		【操作方法】 （1）车辆在举升机上整体停放周正，检查车身前后部有无倾斜，有无严重撞击变形； （2）车辆开上举升机前，应先检查转角盘的销子是否销好；

序号	操作步骤	图解	操作方法及操作标准
1	准备工作		（3）前轮中心基本正对转角盘中心，后轮全部停放在后滑板中间部位； （4）车辆后备箱空载，备胎安放到位，驾驶室内空载；
			（5）举升车辆至合适位置，检查轮胎、轮辋是正常，检查胎压和花纹深度；检查前后轮胎有无裂纹、损坏、异常磨损，异物嵌入，轮胎花纹是否一致。轮辋是否有变形或腐蚀，胎压正常，胎纹深度是否符合要求；
			（6）检查转向连接机构，检查前、后轴悬架；检查悬架系统、转向系统各零部件有无异常变形和损坏；

续表

序号	操作步骤	图解	操作方法及操作标准
1	准备工作		（7）安装卡具和标板；调整卡具尺寸与轮胎轮毂尺寸一致，夹紧臂要钩住轮胎的同一胎纹内； （8）完成车轮补偿
2	调整前检测		【操作方法】 （1）按照程序引导，车轮方向对中； （2）按照程序引导，分别向左、右20°转向操作，检测前束值； （3）按照程序引导，分别向左、右测量最大转向角； （4）按照程序对车辆进行后轴测量
3	定位调整		【操作方法】 （1）分析四轮定位检测数据； （2）根据数据调整定位参数
4	调整后检测		【操作方法】 （1）举升机降至合适位置，检查转向盘对中，检查转向盘是否锁牢； （2）按照程序引导，进行调整后检测； （3）打印车辆状况和检测报表
5	设备复位		【操作方法】 （1）定位仪程序复位，取下标板、卡具、刹车锁等； （2）举升机复位，车辆复位

【问题情境一】车辆行驶时发现有跑偏现象，请分析一下车辆哪些定位参数不准会引起车辆的跑偏？

解决途径：从车轮定位参数定义进行分析。

【问题情境二】请根据轮胎磨损现象，如图5-2-17判断哪些是由车轮定位参数不准造成的。

解决途径：从车轮定位参数的作用进行分析。

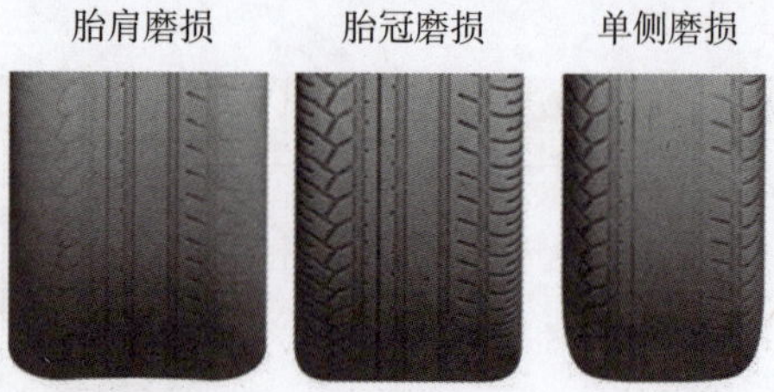

胎肩磨损　　胎冠磨损　　单侧磨损

图 5-2-17　车轮的异常磨损

四、学习结果评价

请根据表5-2-3，完成学习结果的自我评价。

表 5-2-3　自我评价表

序号	评价内容	评价标准	评价结果（是/否）
1	知识与技能	知道车轮定位参数的含义	□是　□否
		掌握操作举升机的方法	□是　□否
		掌握检查车辆悬架、转向系统的方法	□是　□否
		掌握检查轮胎的方法	□是　□否
		掌握车轮补偿的方法	□是　□否
		掌握车辆四轮定位检测的方法	□是　□否
		掌握调整车辆定位参数的方法	□是　□否
2	安全与5S	能对场地进行安全检查	□是　□否
		能安全操作举升机	□是　□否
		能做好安全防护	□是　□否
		能遵守场地日常安全条例	□是　□否
		能使用工具、工位进行整理、复位、清扫	□是　□否
3	总评	能够满足下一步内容学习	□是　□否

课后作业

1. 请你分析一下四轮定位检测参数。可参考作业1图。
2. 请你查阅另外一种四轮定位仪的使用方法。

作业1图

项目三 转向系统检查与维护

任务　动力转向系统部件检修

1. 理解转向机的作用。
2. 理解转向机的工作原理。
3. 掌握转向机的拆装方法。

转向机：指司机打转向盘的同时，帮助司机用力，以减轻司机转向时的用力度，使司机开车时轻松、方便的机器。如图5-3-1所示。

转向系统：传统的汽车转向系统是使用位于驾驶员前方的转向盘，通过一系列传动机构转动前轮，进而将对整车施加横摆角速度和横向位移的控制机构。如图5-3-2所示。

图5-3-1　转向机

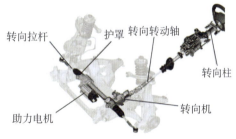

图5-3-2　汽车转向系统

一、转向机总成

转向机总成即转向器，又名转向机、方向机，它是转向系统中最重要的部件。它的作用是增大转向盘传到转向传动机构的力和改变力的传递方向。如图5-3-3所示。

二、转向机总成的分类

转向器按结构形式可分为：齿轮齿条式转向器、蜗杆曲柄指销式转向器、循环球齿条齿扇式转向器、循环球曲柄指销式转向器、蜗杆滚轮式转向器等。按照助力形式又可以分为机械式（无助力）转向器和动力式（有助力）转向器两种，其中动力转向器又可以分为气压动力式、液压动力式、电动助力式、电液助力式等种类。如图5-3-4所示。

转向机构两边摆动

笔记

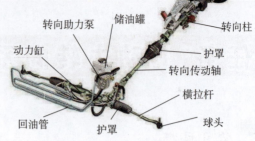

图 5-3-3　汽车转向器　　　　图 5-3-4　机械液压助力转向系统

三、转向机总成工作原理

电动助力系统的工作原理是控制单元通过读取司机转动转向盘的角度，经过计算后输出电信号给相应的电机，再推动齿轮或齿条进行工作，最后通过拉杆拉动轮胎进行偏转。如图 5-3-5 所示。

动力转向系统结构

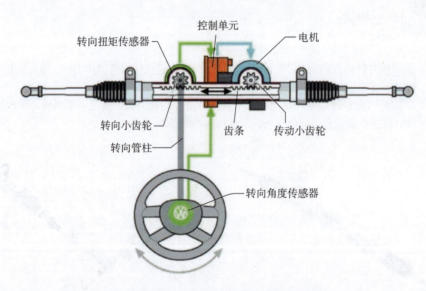

图 5-3-5　电动助力系统的工作原理

一、操作条件

① 设备：教学用车、举升机。
② 工具：转向盘套、翼子板布、前格栅布、成套世达工具、抹布若干。

二、安全及注意事项

① 在进行操作时，需按规范安装车轮挡块，并做必要的安全防护，关闭点火开关，不能盲目进入车辆进行相关操作；
② 对所使用的纸质维修手册、电脑、车辆或车轮挡块、三件套要及时规整复位，并对场地进行 5S 工作。

单元五　汽车底盘维护

三、操作过程

序号	操作步骤	图解	操作方法及操作标准
1	工具准备		【操作标准】 工具要齐全，摆放要整齐
2	车辆防护与预检		【操作方法】 （1）安装车轮挡块，安装车内防护； （2）拉起驻车制动杆，降下驾驶员侧车窗玻璃，拉发动机舱盖释放杆； （3）打开发动机舱盖，安装翼子板布和前格栅布； （4）进行车辆预检 【操作标准】 车轮挡块安装要到位，驻车制动要到底，确保车辆不发生移动
3	举升车辆，拆下波纹管前端的螺母和螺栓		【操作方法】 （1）举升车辆，使用13#扳手拆下波纹管前端的螺母和螺栓，力矩为（17±1）N·m； （2）拔下三元催化转化器前的橡胶圈； （3）拔下三元催化转化器后的橡胶圈； （4）使用10#套筒和棘轮扳手拆下三元催化转化器和波纹管之间的两颗与车身连接的螺栓，力矩为（13±1）N·m； （5）拔下后消声器与车身吊钩连接的橡胶圈，然后抬下排气管
4	拆卸左横拉杆球头与转向节连接的螺母		【操作方法】 使用17#梅花扳手拆下左横拉杆球头与转向节连接的螺母。力矩为（35±3）N·m
5	拆卸左前轮速传感器		【操作方法】 （1）使用8#套筒和棘轮扳手拆下左前轮速传感器螺栓，力矩为（10±1）N·m； （2）从左前减振器上拔下轮速传感器线； （3）拔下左前轮速传感器线

201

续表

序号	操作步骤	图解	操作方法及操作标准
6	拆下转向节与下摆臂球头的螺母		【操作方法】 （1）使用17#扳手拆下转向节与下摆臂球头的螺母，力矩为（120±10）N·m； （2）将左前制动分泵用绳子从中间穿过并固定在车上，固定好的位置不能影响拆卸； （3）将左驱动轴从左转向节拔出，并用绳子扎起来； （4）使用卡箍钳将左图中圈出的动力转向回油管卡箍拆下，拆卸时需准备好容器回收
7	拆卸转向万向节与转向器连接的螺栓		【操作方法】 （1）使用10#套筒和棘轮扳手拆下转向万向节与转向器连接的螺栓； （2）使用液压升降输送器顶住前桥 【操作标准】 使用15#套筒、棘轮扳手、梅花扳手拆下左图中所示的螺母和螺栓，力矩为（90±5）N·m
8	拆卸车身与副车架连接的螺栓		【操作方法】 用15#扳手拆下左图中圈出的车身与副车架连接的螺栓，力矩为（110±10）N·m
9	拆卸车身与前副车架连接的螺栓		【操作方法】 （1）用15#扳手拆下左图中圈出的车身与前副车架连接的螺栓，力矩为（110±10）N·m； （2）在发动机舱内用13#扳手拆下减振器与车身壳体连接的三个螺母，力矩为（50±5）N·m
10	取下前桥、悬挂和转向器		【操作方法】 使用液压升降输送器将前桥放下，取下前桥、悬挂和转向器 【操作标准】 注意举升机使用安全

续表

序号	操作步骤	图解	操作方法及操作标准
11	拆下副车架与转向器左侧连接螺栓		【操作方法】 使用19#套筒、棘轮扳手拆下副车架与转向器左侧连接螺栓，力矩为（100±10）N·m
12	取下转向器总成		【操作方法】 取下如左图中所示的转向器总成 【操作标准】 注意操作安全
13	安装转向器总成，整理工具		【操作方法】 （1）按照相反的顺序安装转向器总成； （2）整理工作，做好现场5S 【操作标准】 安装时注意拧紧力矩

【问题情境一】一辆北汽EV200轿车，行驶里程$2.8×10^4$km、驾驶员反映行车中打转向不得力、无异响，故障指示灯未亮，应该是转向的助力装置不正常。驾车路试，行车中高、低速进行打转向验证，在转向时低速不灵活，高速路感差。维修师傅建议拆检转向总成，请根据所学进行拆检。转向系统结构示意图如图5-3-6所示。

解决途径：根据转向器拆卸的步骤进行总结。

(a) 转向系统结构示意图　　　(b) 电动助力转向系统示意图

图5-3-6　转向系统结构示意图

【问题情境二】小明和爸爸在讨论关于如何让汽车转向的问题，爸爸说要让汽车转向，必须要借助转向系统，但是小明不知道什么是转向系统，请你告诉小明什么是转向系统。

解决途径：从转向系统的结构、功用等内容入手。

笔记

四、学习结果评价

请根据表 5-3-1，完成学习结果的自我评价。

表 5-3-1 自我评价表

序号	评价内容	评价标准	评价结果（是/否）
1	知识与技能	了解转向器的作用	□是　□否
		了解转向器的组成	□是　□否
		了解转向器的分类	□是　□否
		掌握转向器拆卸与安装的步骤和注意事项	□是　□否
		能根据所学内容解决车辆相关故障	□是　□否
2	安全与5S	能对场地进行安全检查	□是　□否
		能安全启动车辆	□是　□否
		能做好安全防护	□是　□否
		能遵守场地日常安全条例	□是　□否
		能使用工具、工位进行整理、复位、清扫	□是　□否
3	总评	能够满足下一步内容学习	□是　□否

1. 简要介绍转向系统的工作原理。
2. 简要介绍转向盘在转向系统中的作用。

参考文献

[1] 皮连根. 汽车维护与保养. 北京：化学工业出版社，2019.

[2] 姜龙青，崔庆瑞，孙华成. 汽车维护与保养一体化教材. 北京：机械工业出版社，2019.

[3] 范爱民，张晓雷. 汽车维护与保养. 北京：清华大学出版社，2015.

[4] 康建青，孟革，刘恒辉. 汽车维护与保养. 北京：清华大学出版社，2018.

[5] 徐华. 汽车维护与保养. 北京：化学工业出版社，2019.

[6] 张克明，白有俊. 汽车维护与保养. 北京：机械工业出版社，2015.

[7] 毛峰，秦挽星. 汽车维护与保养. 北京：华中科技大学出版社，2017.